Kursbuch Rot

SEBASTIAN HARTMANN

Kursbuch Rot

Politik für die solidarische Mitte

Bibliografische Information der Deutschen Nationalbibliothek:

Die Deutsche Nationalbibliothek verzeichnet diese Publikation in der Deutschen Nationalbibliografie; detaillierte bibliografische Daten sind im Internet über http://dnb.dnb.de abrufbar.

© 2020 Sebastian Hartmann

Satz, Herstellung und Verlag:

BoD – Books on Demand, Norderstedt

ISBN: 978-3-7519-7136-2

Inhaltsverzeichnis

Vorwort

Liebe Leserin, lieber Leser,

dem leider viel zu früh verstorbenen, ehemaligen SPD-Bundesgeschäftsführer Peter Glotz wird der Satz zugeschrieben: „Wer viel entscheiden kann, muss weniger reden." Ich bin mir nicht sicher, ob er mit seinem Bonmot recht hat.

Denn ich bin überzeugt: Politisches Handeln muss gut begründet werden. Zu jeder Zeit. Immer wieder. Und immer wieder neu. Nur wer weiß, wofür er (ein)steht, kann gute Entscheidungen treffen. Und nur wenn Handeln und Überzeugungen miteinander in Einklang stehen, entsteht persönliche und politische Glaubwürdigkeit.

Als Politiker muss oder besser, in unserer einzigartigen Demokratie, darf ich täglich viele kleinere und größere Entscheidungen treffen. Mein Handeln ist dabei nicht willkürlich, sondern fußt auf festen Werten und klaren Überzeugungen, für die ich konsequent einstehe.

Die vorliegende Anthologie zeigt auf, welche Werte und Überzeugungen dies sind. Sie versammelt wichtige Reden und Aufsätze aus meiner Zeit als Landesvorsitzender der NRWSPD, als Bundestagsabgeordneter, Kreisverbandsvorsitzender und Mitglied des Kreistages Rhein-Sieg. Diese wurden für diese Veröffentlichung korrigiert und bei Bedarf leicht angepasst.

Die schlechten Ergebnisse bei der Landtagswahl in Nordrhein-Westfalen im Mai 2017 und bei der Bundestagswahl im September 2017 haben nicht nur bei mir persönlich, sondern auch bei der Partei zu einem Nachdenken darüber geführt, was wir künftig anders, neu und besser machen müssen. Sowohl in Bund als auch im Land haben wir innerparteilich in verschiedenen Programmprozessen um die besten Ideen, Inhalte und Strategien gerungen. Der Prozess ist nicht zu Ende. Der Erfolg steht noch aus.

Als nordrhein-westfälische SPD haben wir uns auf dem Landesparteitag im September 2019 auf vielen Politikfeldern neu aufgestellt und in der Folge eine zukunftsweisende Programmatik erarbeitet. Damit haben wir als NRWSPD auch den Bundesparteitag im Dezember 2019 deutlich geprägt. Einige Beiträge des vorliegenden Bandes sind Teil dieser inhaltlichen Neupositionierung der NRW- und der Bundes-SPD.

Von Willy Brandt stammt die Mahnung an uns Sozialdemokratinnen und Sozialdemokraten, als Partei stets auf der

Höhe der Zeit zu sein und eigene, neue Antworten auf die Herausforderungen der Gegenwart zu finden. Diese Mahnung motiviert mich in meinem politischen Denken und Handeln. Auch in diesem Sinne sind die Debattenbeiträge des Buches zu lesen.

Mir geht es darum, die inhaltliche und programmatische Debatte innerhalb und auch außerhalb der SPD anzustoßen und dazu anzuregen, sich den unterschiedlichsten Themenfeldern mit dem Blick auf die solidarische Mitte der Gesellschaft als Zielgruppe sozialdemokratischer Politik zu nähern. Wie sieht beispielsweise sozialdemokratische Renten-, Steuer-, Klima-, Migrations- oder Innenpolitik für die 2030er Jahre aus? Was ist unser Bild einer künftigen Gesellschaft? Um die Debatte auch digital weiterzuführen, habe ich zusätzlich zu diesem Buch im März 2020 den Blog www.solidarische-mitte.de ins Leben gerufen. Im Mittelpunkt steht hier die zentrale Frage: Für wen machen wir Politik? Und welche Politik soll das sein? Jede und jeder ist herzlich eingeladen, auch dort zu lesen, mitzudiskutieren oder sich mit einem eigenen Beitrag zu beteiligen.

Das, was die im Band versammelten Texte zusammenhält, ist der Begriff der Solidarität. Unsere Herkunft ist der Gedanke der Freiheit. Sein Leben frei von Zwängen zu gestalten ist Idee der Sozialdemokratie – frei von materiellen Zwängen oder staatlicher Repression. Die Anforderungen haben sich verändert unter dem Eindruck sich beschleunigender Entwicklungen von Digitalisierung bis Klimawandel. Ich bin überzeugt, wir brauchen einen starken und solidarischen Staat, der Partner der Bürgerinnen und Bürger ist. Einen leistungs- und handlungsfähigen Staat als Ausdruck der organisierten

Solidarität, der Chancengleichheit, Freiheit und Sicherheit für
jede Einzelne und jeden Einzelnen ermöglicht.

Eine anregende Lektüre dieser Anthologie wünscht Ihr bzw.
euer

Sebastian Hartmann

„Wenn die SPD wieder erfolgreich sein will (...), braucht sie dringend eine konsistente, für weite Teile der Wählerschaft attraktive Vision von Staat und Gesellschaft. (...) Mehr als reine Programmatik ist die Vision auch Emotion, empathische Ansprache und sozialdemokratische Erzählung von der ‚neuen Zeit'."

Zwei Jahre bevor die SPD ihren Parteitag im Dezember 2019 unter das Motto „In die neue Zeit" stellte, machte ich mir darüber Gedanken, welche Lehren aus einer Reihe von Wahlniederlagen und schlechten Wahlergebnissen zu ziehen sei und wie die SPD wieder gesellschaftliche Mehrheiten gewinnen könne. Dabei ging ich sowohl auf den Bedarf eines neuen Leitbildes als auch auf Fragen der Organisation, Kommunikations- und Kampagnenfähigkeit ein. Viele dieser Fragen und Themenfelder, die ich hier auf dem Kreisparteitag der SPD Rhein-Sieg am 14.10.2017 aufwarf, beschäftigten mich weiter und wurden in späteren Reden, Gastbeiträgen und Essays, die in dieser Anthologie veröffentlicht sind, weiter ausgeführt.

Die Erneuerung der SPD: Arbeitsfelder und Baustellen

Debattenbeitrag auf Basis eines Referats auf dem Kreisparteitag der SPD Rhein-Sieg in Troisdorf am 14. Oktober 2017

Mit Blick auf die Parteierneuerung

Auf dem Kreisparteitag der SPD Rhein-Sieg am 14. Oktober 2017 in Troisdorf hielt ich als Unterbezirksvorsitzender ein kurzes Referat zu den Herausforderungen, vor denen die SPD 2017 aus meiner Sicht steht. Ich benannte fünf Handlungsfelder und formulierte hierbei mehr Fragen als Antworten.

Im Nachgang wurde ich gebeten, diese Gedanken zusammenzufassen und sie detaillierter darzustellen. Der Bitte komme ich – auch zur Klärung meiner eigenen Analysen und Gedanken – nach. Es ist ein längerer Text entstanden, der weder Anspruch auf Vollständigkeit noch auf absoluten Zuspruch erheben soll. Es ist ein Debattenbeitrag neben anderen.

Worum es geht – und was vor der Klammer stehen muss

Die Lage der SPD ist 2017 nach einer Reihe von Wahlniederlagen in den Ländern Schleswig-Holstein, Saarland und Nordrhein-Westfalen sowie nach dem historisch schlechtesten Ergebnis auf Bundesebene seit Gründung der Bundesrepublik Deutschland düster.

Ausgangsthese jeglicher Betrachtung dieses Textes und der Einordnung der Ereignisse ist: Wenn die SPD wieder erfolgreich sein will, indem sie gesellschaftliche Mehrheiten und Zuspruch in zentralen Debatten der Republik *sowie* mehr Zustimmung und Mehrheiten in Wahlen auf Landes- und Bundesebene erringen will, so braucht sie dringend eine konsistente, für weite Teile (!) der Wählerschaft attraktive (!) Vision von Staat und Gesellschaft. Diese Vision muss deutlich über ein oder zwei Wählermilieus einer zunehmend fragmentierten Gesellschaft der Bundesrepublik Deutschland heraus reichen und ein verbindendes Element darstellen.

Vor allem steht die attraktive Idee einer modernen Gesellschaft entlang eines sozialdemokratisch-progressiven Gedankens der Gestaltbarkeit der Zukunft. In untrennbarer Verbindung mit der auch zu wollenden konkreten Gestaltung in politischer Verantwortung – der Verbesserung dessen, was ist.

Im Mittelpunkt: In welcher Gesellschaft wollen wir leben? Nach welchen Regeln[1] soll das Zusammenleben gelingen? Wer soll dazu gehören und was ist dafür zu tun? Also: Wer ist „Wir" und wie werden die vielen Einzelnen zum „Wir"? Integration ist hier im engsten Sinne Bestimmung der Zugehörigkeit und eröffnet die spannende Diskussion eines neuen Gesellschaftsvertrages unseres Landes im Sinne der ursprünglichen Aufklärung.

Es ist aber viel mehr als reine Technik oder Programmatik. Wahlen und politische Zustimmung entscheiden sich mehr und mehr entlang emotionaler wie kultureller Komponenten und entlang der Gedanken von Identitäten und

Gruppenzugehörigkeit. Im Rahmen des Klärungsprozesses gilt es eine sozialdemokratische Haltung zu den drängenden Fragen der Zeit zu finden und glaubwürdig einzunehmen. Lehren sind aus den dann gefundenen und vereinbarten Prinzipien und dem daraus abgeleiteten Menschenbild zu ziehen. Das bedeutet, dies vor allem authentisch zu leben und als Teil der Organisationskultur zu übernehmen. Mehr als reine Programmatik ist die Vision auch Emotion, empathische Ansprache und sozialdemokratische Erzählung von der „neuen Zeit". Eben alles jenseits reiner Sachlogik, thematischer Zwänge oder der vorgeblich schnöden Einsicht in zwingende Notwendigkeiten des Zusammenlebens.

Nach der Bestimmung des sozialdemokratischen (!) Gesellschaftsbildes und der Rolle (entlang von Rechten und Pflichten) des selbstbestimmten, freien Individuums beantwortet sich die Frage nach der Rolle des Staates nahezu von selbst: Welche Funktion und Aufgabe hat der Staat mit welcher Zielrichtung im Interesse der Gesellschaft zu erfüllen? Welche Handlungsfähigkeit des Staates setzt dies voraus?

Zu klären wären sodann Begriffe wie Freiheit, Gleichheit, (Brüderlichkeit?), Gerechtigkeit, Solidarität, aber auch Recht und Einigkeit. Sind es leere Formeln? Sind es (sozialdemokratische) Grundwerte? Gibt es eine „linke" Besetzung der Begriffe oder überlässt die Sozialdemokratie sie dem politischen Gegner – „rechts"? Die Idee der Gesellschaft und die schlüssige, attraktive (!) Vision von Staat und Gesellschaft führt zur Klärung der Begriffe.

Beispielhaft die Frage nach dem Sinngehalt der Formel „Gleichheit": Es ist ein leeres Wort der Gleichheit, wenn diese weder wirtschaftlich (Teilhabe!) noch beispielsweise vor Gericht gegeben ist. Ist es nicht so, dass der wirtschaftlich Potentere „freier" ist und „mehr Chancen" hat in unserer Gesellschaft? Seinen politischen Willen gegen den des anderen einzelnen oder gar die gesamte Gruppe der Schwächeren durchzusetzen? Und ist die Antwort hierauf ein Bildungsprogramm zur Organisation des Aufstiegs?

Nein. Es sind im Kern auch Verteilungsfragen von Macht und Vermögen sowie die Bestimmung des Verhältnisses von Markt[2] und Staat.

Um eine schlüssige, konsistente Vision zu entwickeln, die im Übrigen keine reine Innensicht und Nabelschau der schwer verunsicherten Sozialdemokratie sein darf, wird die Sozialdemokratie Antworten geben müssen. Sie hat klare, abgrenzbare Positionen zu zentralen Fragen und Verwerfungslinien der Debatten zu entwerfen sowie in der Folge konsequent zu vertreten.

Kursbuch: Arbeitsfelder und Baustellen

Das zentrale und entscheidende Feld wurde als Aufgabe vorab benannt. Die SPD wird aber in ihrer aktuellen Lage verschiedene Felder gleichzeitig bearbeiten müssen. Es wird kaum ein Nacheinander geben, zu sehr drängt die Zeit, zu viel Zeit blieb zuvor ungenutzt.

Dennoch darf das nicht den Blick verstellen: Die Felder sind zwar gleichzeitig zu bearbeiten und zu klären. Sie sind aber nicht gleich wichtig.

Es sind fünf zentrale Handlungsfelder erkennbar:

- Analyse, Organisation und Kampagnenfähgkeit – der Blick auf und in die SPD
- Kommunikation und grundlegend Kommunikationsfähigkeit
- Die gesellschaftliche Verankerung der SPD, ihre Vision und ihr Leitbild
- Die Annahme der Herausforderungen der Zeit und ihre Beantwortung
- Eine gute Prozessorganisation: Über die Vermeidung von Fehlschlüssen

Analyse, Organisation und Kampagnenfähigkeit – der Blick auf und in die SPD

Es stellen sich grundlegende Fragen zu der derzeit vorhandenen Organisationskraft der SPD und den notwendigen Schlussfolgerungen hieraus. Beispiel: Sollte die SPD dauerhaft in süddeutschen Landesverbänden als auch in den fünf ostdeutschen[3] Flächenländern bei Landtags- und Bundestagswahlen bei teilweise deutlich unter 20 Prozent an Zustimmung stagnieren, so kann ein starkes Abschneiden jenseits der 25 Prozent (!) schwerlich auf Bundesebene gelingen. Dies hängt sowohl mit der Organisationskraft und der besonderen Fähigkeit zur Kampagne zusammen.

Besonders zu berücksichtigen ist die Lage der NRWSPD, deren Stimmergebnisse seit Mitte der 90er Jahre auf allen Ebenen rückläufig sind, wie eine aktuelle Einordnung der Lage aus Sicht ihrer Führung anerkennt.

Es wird daher einer besonderen Anstrengung und eines differenzierten Ansatzes je nach Region bedürfen, diese Schwächen auszugleichen. Dies ist eine der Aufgaben der verbliebenen Organisation – auch zentral für das Willy-Brandt-Haus.

Hinzutritt die besondere Herausforderung, dass Mitgliederparteien tendenziell überaltert sind und neue Formen der Kommunikation und Debatten ein neues Spannungsverhältnis zwischen „digitalen" und „altbewährten, traditionellen" Ortsvereinsmitgliedern eröffnen könnten. Kurz und provokant gesagt: Bestimmt das Online-Themenforum per App, wo Peter den Holzdreieckständer aufstellt – oder geht da mehr? Wo liegt die Chance dieser „Netzwerkpartei"[4] – nicht nur als digitales Tool – aber auch als Brückenschlag zu neuen Zielsetzungen oder (temporären?) Anbindung neuer Zielgruppen?

Die SPD verfügt über eine ganze Reihe sehr systematischer Untersuchungen ihrer Mitgliedschaft und der Funktionsfähigkeit ihrer Basisstrukturen. Diese wurden regelmäßig erhoben und mit einer Vielzahl von Handlungsempfehlungen versehen.

An dieser Stelle ist ein Risiko der digitalen Öffnung und Umstrukturierung detaillierter auszuführen – aber eben ohne in eine pauschale Absage zu verfallen. Initiativen wie „SPD++" knüpfen vor allem, jenseits inhaltlicher Fragestellungen, an Organisationsstrukturen und ihre satzungsmäßige Abbildung an. Doch der Blick ist eng. Denn diese Reformen setzen an die Existenz von Gliederungen und dem Aufbrechen der Strukturen derselben an. Eben daran, dass Mitglieder wie Strukturen überhaupt vorhanden sind. Doch diese Strukturen gibt es in der Fläche nicht mehr überall. Und zum anderen eröffnen sie neue Verwerfungslinien. Gibt es demnächst die „alten" im Ortsverein, denen die „digitalen" Mitglieder beigeordnet werden? Und welche Organisationskraft wird in physischer Präsenz neu freigesetzt oder geschaffen, wenn es um den direkten Kontakt geht? Da ist noch mehr drin und es wird spannend wie chancenreich sein, diese neuen Ansätze zusammenzubinden.

Ein besonderes „Pfund" der Erneuerung der Organisation sind die schätzungsweise 27.500 neuen Mitglieder, die die SPD nach Januar 2017 gewonnen hat. Sie sind eine besondere Reserve und bedürfen der Aktivierung und Einbeziehung.

Aus der Wiederherstellung der Organisationskraft folgt die Hinterfragung der Strategiefähigkeit der Organisation SPD. Auf allen Ebenen wirken Agenturen und Berater mit unterschiedlichen, zuletzt eher ausbleibendem Erfolg mit. Spannender als die Agenturauswahl ist eine andere Frage. Ist die SPD als solche derzeit überhaupt „strategiefähig"?[5] Wer verbindet die Organisationskraft einer Bundestagsfraktion, eines Willy-Brandt-Hauses oder der parteinahen Strukturen überhaupt? Gibt es ein strategisches Zentrum und noch spannender: Wie interagieren die Akteurinnen und Akteure? Hat sich die Führung auf eine gemeinsame Strategie verständigt und wenn ja, welche?

Es drängt sich die Frage auf: Wie reagiert die Organisation SPD eigentlich auf internen wie externen Input? So ist die zunehmende Fragmentierung der Wählerschaft bereits 2012 grundlegend untersucht worden. Bezeichnenderweise durch die parteinahe Friedrich-Ebert-Stiftung.[6] Bruchkanten zwischen aufgeklärtem, liberalem Bürgertum und autoritär orientierten Milieus bis hin zur Gruppe der Prekären sind klar benannt worden. Die Verbindung der bekannten Sinus-milieus mit Wahlverhalten war damit Vorsprungswissen der Sozialdemokratie und ist nach der Wahl 2017 weitestgehend anerkannt.

Was wurde hieraus abgeleitet? Dass eine zunehmende Fragmentierung der Wählerschaft in Verbindung mit einer abnehmenden Stammwählerschaft und hieraus folgend einem zunehmend veränderten Wahlverhalten für eine Volkspartei wie die SPD nicht ohne Folgen bleiben kann, ist doch eine Binsenweisheit.

Hinzutraten alarmierende Befunde zur „wahren Stimmungslage" in Deutschland, die Soziologen wie Stephan Grünewald[7] früh vorlegten. Sie blieben aber ebenso offenbar ohne nennenswerten Einfluss auf Wahlstrategie und Positionierung der SPD.

Aus (Wieder-)Aufbau bzw. Umbau der Organisation und ehrlicher Analyse unter Berücksichtigung der Realität folgt die Frage der Kampagnenfähigkeit der Organisation SPD. Diese teilt sich in die kurzfristige Frage einer Wahlkampagne und die dauerhafte Frage nach der Kampagnenfähigkeit bei gesellschaftlichen Debatten auch jenseits von Wahlen. Singulär die Wahlkampagne 2017 zu hinterfragen, greift zu kurz.

Kurzum: Was nutzt die beste Vision, das gute Leitbild und die klare Positionierung, wenn die Organisation nicht fähig zur stringenten und koordinierten Öffentlichkeitsarbeit ist. Das hängt auch eng mit strategischem Zentrum und den handelnden Akteuren (Disziplin!) zusammen. Das Stichwort

Kommunikation und die Kommunikationsfähigkeit ist gesondert (siehe unten) zu betrachten.

Etwas skurril mutet in der SPD zudem die Debatte an, ob die Wahlkampagne a) vorbereitet oder nicht vorbereitet war, b) eine Kandidatenkür acht Monate vor der Wahl zu früh, zu spät oder schlicht nicht machbar ist sowie c) man nicht vorher schon alles falsch gemacht hat.

Dem geneigten Beobachter fällt jedenfalls auf, dass sowohl nach den Wahlniederlagen von Frank-Walter Steinmeier (2009), Peer Steinbrück (2013) als auch Martin Schulz (2017) unisono erklärt wurde, dass die Kampagne und die Kandidatenkür jedenfalls so nicht beabsichtigt war. Absolut unverständlich muss bleiben, wenn die Konzeptionen zweimal in ähnlicher Konstellation gescheitert sind, warum es 2017 eines dritten, empirischen Beweises bedurfte.

Ebenso erstaunlich ist es, in zwei großen Koalitionen (2005-2009 sowie 2013-2017) Angela Merkel als Bundeskanzlerin mitzutragen, hiernach stets ihre Inhaltsleere und mangelnde Lösung nationaler Herausforderungen und internationaler Krisen lautstark zu kritisieren, und dann gleichzeitig die eigene, sozialdemokratische, herausragende Arbeit in Merkels Kabinetten herauszustellen und öffentlich zu bewerben. Die Begriffe Mischbotschaft und unklare Kommunikationslinie mögen noch freundlich sein.

Sehen wir es als Chance, dass eine Oppositionsrolle – wenn sie denn erfolgreich ausgefüllt werden soll – einen gänzlich veränderten Kommunikationsansatz erfordern wird. Zugespitzt, fokussiert, abgrenzend, klar in der Sprache.

Kommunikation und grundlegend die Kommunikationsfähigkeit

Eines gesonderten Exkurses bedarf – in Anknüpfung an die Ausführungen zur Linie in den großen Koalitionen – die Frage nach der Kommunikation(-strategie) der SPD.

Gesetzt den Fall, die SPD tritt nach einem „gelungenen" und stark beachteten Mitgliederentscheid in Verbindung mit einem hohen parteiinternen Zustimmungswert 2013 in die große Koalition ein und hat sich zudem dem Koalitionsvertrag in Gänze als bekannte wie erwartbare Linie des Handelns in Regierungsverantwortung unterstellt, so stellt sich die Frage der Kommunikation des folgenden Handelns.

Die These: Man wird gewählt für eine attraktive Perspektive und die Zukunft (nicht zu verwechseln mit schwer lesbaren 100-Seiten Programmen!) und wird abgewählt bei Nichtvorhandenseien dessen sowie für den Bruch von Wahlversprechen, mangelnder Bilanz oder fehlendem Erfolg. So wäre zumindest solides Regierungshandeln und Debattenstärke (die richtigen Themen setzen!) in Zeiten jeglicher Koalition gefragt. Dies allein wird aber nie für einen Wahlerfolg im Anschluss einer Wahlperiode ausreichen. Bezugspunkt kann getrost die erste große Koalition 1966-1969 sein und der Wahlerfolg Willy Brandts. Da gab es keine Bilanzen à la „gesagt, getan, gerecht". Da gab es Perspektive, Vision, Aufbruch und Wunsch nach Veränderung nach der Koalition von CDU/CSU und SPD.

Wenn man dies jedoch außer Acht lässt und zudem noch gleich zwei strategische Ansätze à la „Die SPD regiert, das Land kommt voran!" und auf der anderen Seite „Alles nicht genug, Verrat an der wahren Sache, zu viel Kompromiss!" fährt, so sind 20,5 % auf Bundesebene nach 25,7% im Jahr 2013 doch eigentlich ein gutes Ergebnis.

Beispielsweise war der Abschluss internationaler Handelsabkommen à la CETA und TTIP[8] Gegenstand des Koalitionsvertrages 2013 zwischen CDU, CSU und SPD ebenso wie eine „PKW-Maut"[9] und weiteres. So ist das in Koalitionen – zumal auch dem politischen Partner auf Zeit ein gewisses Maß eigner politischer Ideen und Konzeptionen zugestanden werden muss. Die zu klärende Frage bleibt, warum diese offensichtlichen Brüche in ausführliche Debatten der SPD – zuweilen ohne Ergebnisse – bei zwei Parteikonventen mündeten. Alles ohne, dass diese anscheinend ausreichend zur Klärung der innerparteilichen Debatte beitrugen, noch (zumindest) dem Ziel der Verantwortungsabwälzung auf den (beispielsweise bei der CSU-Maut) verursachenden Koalitionspartner dienten.

Damit war im Gegenteil sogar ein Kommunikationsmuster gesetzt. Denn den Wählerinnen und Wähler wurde in den Auslassungen und Vermeidungen zwangsläufig klar, was Schwerpunkt der Kommunikation (unbeabsichtigt) war: in der Kommunikation dessen, was die SPD eigentlich nicht wollte, aber trotzdem macht und wo sie eigentlich uneinig bis zur Diffusion ist. Dass die Kommunikation eigener Erfolge dann umso schwerer fällt, liegt auf der Hand. Jenseits der Kommunikation: Die SPD wird offenbar wieder lernen müssen, zu streiten und Mehrheitsentscheidungen intern zu akzeptieren.

Und jetzt noch einmal: Wie war das eigentlich mit der Agenda 2010? Was war genau Gegenstand der Regierungserklärung Gerhard Schröders am 14. März 2003 und was ist hier mit der fortwährenden Debatte in der SPD noch gewollt? Steht Deutschland wegen der Agenda 2010 gut da? Oder trotz? Oder sowohl als auch? Und was wurde in den letzten 14 Jahren innerhalb der SPD trotz Durchführung eines SPD-Bundesparteitages am 1. Juni 2003 und seines Zustimmungsbeschlusses zur Agenda nicht geklärt? Und wenn es denn endlich abschließend geklärt wird (2017!): Ist danach der Blick der Zukunft zugewandt oder immer noch in den Rückspiegel?

Daher ein Vorschlag: Die zentralen Akteure mögen im Jahr 14 nach der Agenda 2010 ein Enddatum der Debatte in nicht allzu weiter Ferne bestimmen und im Rahmen des Erneuerungsprozesses eine zentrale Debatte inklusive verbindlicher – von allen Seiten vorab anzuerkennender Regeln – vereinbaren. Zum Stichtag wird dann die Debatte mit einer wie auch immer gearteten Schlussabstimmung, einem Konvent, einem Mitgliederentscheid oder Beschluss eines Leitantrages in Form einer Mehrheit, die die unterlegene Minderheit akzeptieren wird, abgeschlossen. Sodann könnte sich die SPD den spannenderen Zukunftsfragen nach der Bearbeitung der eigenen Vergangenheit mit voller Kraft widmen.

Letzter Gedanke, der Vollständigkeit halber an dieser Stelle zur Kommunikation: Wenn die Welt multimedialer wird und Politik fortwährend über kurze Facebook-Videos, Share-Pics, Dauerberieselung und Präsenz in Talkshows erfolgt. Bei aller Kritik an der Verlagerung der Debatte aus den Parlamenten: Welche Köpfe repräsentieren hier die SPD und wird dort eine konsistente Linie verfolgt? Wird dies systematisch geplant und gesteuert?

Zur Analyse im Kern, aber hier auch zur Kommunikation im besonderen – Stichwort: Fokussierung von Debatten – vor und nach den Wahlen. In einer Reihe von Positionierungen und Texten wird herausgearbeitet, dass die SPD „panische Angst" hatte, die Fragen der Migration und insbesondere der Flüchtlingszuwanderung seit 2015 zu debattieren oder auch nur die offensichtlichen Verwerfungen in ihrem eigenen Wählermilieu offen anzusprechen (siehe auch unten „Herausforderungen der Zeit").

Da schwingt zweierlei mit. Natürlich geht es auch um Verteilungsfragen. Gibt es genug bezahlbaren Wohnraum? Wie sieht es mit dem eigenen Job angesichts vermuteter neuer Konkurrenzen[10] aus? Gibt es neuen Druck auf den Arbeitsmarkt und welche Auswirkungen hat dies alles auf Sozialkassen und solidarische Sicherungssysteme? Die Frage muss quälen, wenn in der Vergangenheit zu wenig oder nichts in den Fragen des gesellschaftlichen Zusammenhalts getan wurde. Wo war denn der soziale Wohnungsbau, den man 2006 durch eine Verfassungsänderung den Ländern zugestand? Wo waren die Sicherungsmaßnahmen im Sinne des Schutzes der Arbeitnehmerinnen und Arbeitnehmer im Arbeitsmarkt (Mindestlohn, Rente mit 63, Erwerbslosigkeit, ALG I bis II etc.)? Da ist der Vorwurf schwer zu kontern: „Auf einmal ist Geld da " und: Wie steht es eigentlich mit der Handlungsfähigkeit des Staates – unkenntlich verpackt hinter dem Begriff „Kontrollverlust" – angesichts einer hektischen Asylpolitik im Herbst 2015.

Daneben steht noch ein größeres Versagen. Wo wurden und werden derzeit eigentlich die Debattenschwerpunkte gesetzt und geht man nicht den Populisten selbst – und jetzt eben nach den Wahlen ein zweites Mal – auf den Leim?

Warum? Die sich im Kern zwangsläufig stellende Verteilungs- und Gerechtigkeitsfrage wird selbst im Nachgang nur unzureichend aufgegriffen. Wenn die menschenwürdige (!) Unterbringung von einer Million Flüchtlinge zunächst möglicherweise 15-20 Mrd. Euro[11] kosten sollte, berücksichtigt dies keine positiven Effekte auf dem Beschäftigungsmarkt (Einstellung von Betreuern, Lehrerinnen, etc.), sowie für Binnennachfrage und Wachstum (Bau von Wohnungen, kurzfristige Investitionen) sowie steuerlichen Effekte (Einkommenssteuer der neuen Beschäftigten in den Dienstleistungen sowie Umsatzsteuern – Stichwort Versorgung).

Dem stellen wir doch zwei andere, noch viel größere Zahlen entgegen, die ebenso der Verteilungsgerechtigkeitslogik entspringen: Bereits 2012 (!) erklärte EU-Steuerkommissar Algirdas Semeta[12], es gingen jährlich rund 1.000 Mrd. Euro durch Steuerhinterziehung und Steuerflucht in der Europäischen Union verloren.

Und zum Stichwort „Lage des deutschen Volkes" (also von denen, die de facto gar nichts haben als auch jenen, denen nahezu alles gehört, die die Einwohnerschaft Deutschlands stellen): Das Geldvermögen der Menschen in Deutschland ist zum Ende des vergangenen Jahres auf ein Rekordniveau gestiegen. Das Vermögen der privaten Haushalte in Form von Bargeld, Wertpapieren, Bankeinlagen legte gegenüber dem dritten Quartal 2016 um fast 100 Milliarden Euro auf beinahe 5,6 Billionen Euro zu. Doch es ist ungleich verteilt!

Also: Worüber redet die Sozialdemokratie, welche Themen setzt sie und wenn Verteilungsfragen thematisiert werden – warum geht es dann so oft darum, ob Flüchtlinge mehr oder weniger bekommen? Warum nicht mal über Einkommen und Vermögen reden?

Der guten Ordnung halber sei die Frage der Flüchtlinge und Migration als eine der zentralen Debatten der Jahre 2016 wie 2017 eingeordnet. Hier war klar, dass die Sozialdemokratie nicht um eine Positionierung herumkommen würde oder sollte.

Es ist aber auf erster Ebene eine Verteilungsgerechtigkeitsfrage und sodann eine Frage von Integration und Teilhabe, die auch Nichtwähler wieder an die Wahlurnen bewegte – aus Sicht der SPD jedoch leider mit Stimmerfolgen zugunsten der „falschen" Partei. Dramatischer wirkte aber noch, dass es den Populisten gelungen ist, aus dieser Ordnungsfrage einen Kulturkampf zu extrahieren und die Politikbereiche „Innere Sicherheit", „Islamismus" und „Flüchtlinge als Terroristen" zu einer Debatte rund um den drohenden „Untergang des Abendlandes" zu instrumentalisieren. Das eine folgt leider zwangsläufig aus dem Ausblenden und der Nichtregulierung der ersten Fragekategorie der Verteilungsgerechtigkeit und des handlungsfähigen Staates.

In Ergänzung und zur Vervollständigung: Wenn in Tagesschau-Kommentaren befunden wird, dass das Thema „Rente" zu wichtig für den Wahlkampf sei (sic!), so wundert auch eine Fokussierung auf Fragen der angeblich schwer gefährdeten inneren Sicherheit nicht – obwohl Deutschland einer der sichersten Staaten der Welt ist. Es bleibt zu klären, ob wir an den Ausblendungen und Verengungen der Debatte kräftig mitwirken oder die knappen Ressourcen lieber in „Gewinnerthemen" der linken Parteien investieren sollten. Dies hätte im Übrigen den unbestreitbaren Vorteil, im Lager der linken Parteien in Deutschland die Führungsrolle zu übernehmen und spätere Bündnisfähigkeit neu zu eröffnen.

Die Freude über die neue Oppositionsrolle sollte daher angesichts der kommunikativ wie strategisch prekären Lage nicht zu groß in der SPD sein. Denn immerhin kommt der SPD auf Bundesebene zunehmend der Bündnispartner Bündnis 90/Die Grünen abhanden und angesichts des Streits in der Linken erscheint rot-rot-grün unrealistischer denn je. Parteien ohne realistische Machtperspektive haben bei Wahlen eine ungleich schwerere Position. Zumal man als SPD doch die Kanzlerin oder den Kanzler stellen will.

Die gesellschaftliche Verankerung der SPD, ihre Vision und Leitbild – Lust auf morgen schlägt die Angst!

In erneuter Aufrufung der Eingangsposition sei zur notwendigen Klärung der Vision und inhaltlichen Positionierung der SPD folgendes – strategisch – ergänzt. Die SPD kann eine Lücke in der Parteienlandschaft als linke und progressive Kraft besetzen. Dafür muss sie eine europäische wie internationale, vor allem aber zukunftszugewandte Vision von Staat und Gesellschafft aufzeigen – auch in der Abgrenzung zur Linken entwerfen.

Da, wo Europaskepsis herrscht (Wagenknecht/Lafontaine) oder „der deutsche Arbeiter" (sofern es diese Schicht im Lafontaine'schen Sinne noch gibt) bemüht wird, eröffnet sich erst recht Raum für eine positive, nicht ängstigende Zukunftsvision. Es muss aber ein modernes Gesellschaftsbild und ein modernes Staatsverständnis sein! Das ist doch einer der zentrale Unterschiede im linken Lager Deutschlands.

Die zukunftsbejahende Vision der Sozialdemokratie kann sich an dem Gedanken eines Olof Palmes entwickeln, der die Zukunft als gestaltbar durch eben sozialdemokratische Politik im Sinne der fortwährenden Verbesserung des Lebens und Nutzung des Fortschritts begriff. Hinzuträte die „Wiederkehr der Politik", die ein Erhard Eppler so vehement einforderte, indem er Geschäftigkeit und Tagesaktionismus die Begrifflichkeit „Politik" absprach und den Streit über Ziele und die gewünschte Zukunft als zentrale Aufgabe politischer Parteien einforderte.[13] Das ist doch eine lohnende Aufgabe der Sozialdemokratie!

Es bietet sich zur Klärung der zentralen Gerechtigkeits- wie Verteilungsfragen auch der Blick zu den Gewerkschaften oder weitergehend den vorhandenen linken Diskussionsräumen von Stiftungen bis Thinktanks an. Dies auch um eine gesellschaftliche Verankerung und Aufnahme der Fragen der Zeit sicherzustellen.

Die globale Ökonomie scheint einer zunehmenden „Plattformisierung" unterworfen zu sein. Wenn die Digitalisierung und Plattformisierung als globale Trends alles erfasst – warum nicht auch politische Parteien? Oder wird das nicht schlichtweg nur ausgeblendet? Es ist nicht der Ruf nach Beliebigkeit, sondern die Idee und der Vorschlag, dass die SPD der zentrale und spannendste Diskussionsraum Deutschlands wird. Die SPD muss wieder streiten und zentrale Fragen klären. Nichts war bei Brandt vorab geklärt, manche Debatten waren hart, bitter und führten zu Abspaltungen. Aber sie wurden genutzt und haben den Blick geöffnet. Die Linie der Bundesrepublik wurde zu den besten Zeiten der Sozialdemokratie in Debatten auf SPD-Bundesparteitagen geklärt.

Die SPD muss stärker gesellschaftliche Debatten aufgreifen und zwar nicht nach dem Muster „Was ich immer schon sagen wollte", sondern eher am Anknüpfen an das, was ist und wirklich zu klären ist. Dazu gehört aber eben auch der Mut zur Position.

Die Lösung wird nicht allein in einer Neubeantwortung von (Um-)verteilungsfragen liegen. Denn auch vermeintliche Opfer oder Nutznießer früherer Sozialreformen weisen zunehmend eine deutliche Distanz zum politischen System auf und drücken diese durch Wahlabstinenz aus.

Allein aus der Begrifflichkeit Sozial*demokratie* ergibt sich aber hier eine neue Verantwortung der SPD für das *demokratische System der Republik*. Es geht weiter als das Erfassen einer einzelnen Wählerschicht. Die Frage nach den Regeln des Zusammenlebens in einer Gesellschaft oder dem Konzept des selbstbestimmten, freien und gelingenden Lebens bietet die Verbindung dieser Frage mit einer Redemokratisierung[14] Deutschlands. Dazu gehört: Wie ist es denn mit der Durchlässigkeit im System der Bundesrepublik und der Eröffnung von Aufstiegschancen?

Bemühe dich, halte dich an die Regeln und sei fleißig – dann wirst du deinen Weg machen und unser Staat bietet dir gleiche Chancen! Ist das so? Und wird nicht am Ende das Leistungsprinzip im – trotz sozialer Marktwirtschaft – kapitalistischen System Deutschland am Ende durch obszön ungleich

verteilte Vermögen und leistungslose Einkommen in Form
von im internationalen Vergleich schwach besteuerten größeren Erbschaften aufgehoben? Hat nicht der sozialdemokratische Wirtschaftsminister Sigmar Gabriel Thomas Piketty
zur öffentlichen Debatte eingeladen, flankiert von Veranstaltungen der sozialdemokratischen Friedrich-Ebert-Stiftung?

Piketty befand detailliert: „Wenn die Kapitalrendite dauerhaft
höher ist als die Wachstumsrate von Produktion und Einkommen, was bis zum 19. Jahrhundert der Fall war und im
21. Jahrhundert wieder zur Regel zu werden droht, erzeugt der
Kapitalismus automatisch inakzeptable und willkürliche Ungleichheiten, die das Leistungsprinzip, auf dem unsere demokratischen Gesellschaften basieren, radikal in Frage stellen."[15]

Hieraus folgt: Die Vermögen werden zunehmend ungleicher
verteilt. Auch eine politisch gewünschte Steigerung der Einkommen arbeitender Menschen durch Erhöhung der Wachstumsrate der Einkommen kann dies selbst durch größte In-
vestitionsprogramme nicht anderweitig auffangen.

Vor diesem Hintergrund wirken die vergangenen Sozialreformen – auch und insbesondere unter sozialdemokratischer
Verantwortung – geradezu konterkarierend und mehr noch:
Denjenigen gegenüber, die ihr Leben lang gearbeitet haben,
die Vorsorge in Form von Sparleistungen und Eigentums-
schaffung getrieben haben, wirkt es nahezu als direkter Af-
front. Standen sie doch zunächst – ganz im Gegenteil zum
Aufstiegsversprechen – im Falle von Arbeitslosigkeit nach Ver-
mögensverzehr recht schnell denjenigen gleich, die gar nicht
vorgesorgt hatten (oder konnten). Dies ist dann eben nicht nur
eine Verteilungsfrage, sondern auch ein kultureller Bruch –

vor allem im sozialdemokratischen (Stamm-)Wählermilieu. Respekt – ein Wort, das der sozialdemokratische Kanzlerkandidat Martin Schulz immer wieder vor der Lebensleistung hart arbeitender Menschen einforderte – sähe anders aus.

Freiheit, Gerechtigkeit und Solidarität sind neu zu vermessen. War der Begriff der Solidarität zunächst klassenbezogen – der Arbeiter unter seinesgleichen – und damit die Solidarität unter Gleichen, so ist die Definition von Solidarität in aufgelösten Gesellschaftsstrukturen und angesichts neuer Formen der Arbeit schwieriger, aber lohnend. Wie sieht sie heute denn aus, die neue „Solidarität 4.0" der Sozialdemokratie – mit Blick auf fortwährenden Wandel, fast 3 Millionen Solo-Selbstständigen und neuen Fragen zur Zukunft der Arbeit. „Solidarität unter Fremden" oder eben den „Verschiedenen" kann eine neue Klammer der Gesellschaft werden und Erneuerung des sozialdemokratischen Gedankens der Solidarität sein.

Die Annahme der Herausforderungen der Zeit und ihre Beantwortung – oder: Der Bedarf linker Ideen

Ausgehend vom vorher formulierten Gedanken, dass „Politik" gestalten kann und daher die Zukunft nicht zwangsläufig ist, so sind globale (Mega-)Trends aus linker Sicht wenig beantwortet und erst recht nicht zu einer Idee zusammengebunden.

Gerade hier liegt die Chance der neuen SPD. Die progressive, linke Kraft wird die Frage der Globalisierung klären müssen. Welcher Funktion dient der internationale Handel und ist er durch internationale Abkommen zu regulieren? Wie verhält es sich mit der nationalen Organisation von Arbeit (den Arbeitsmärkten!), der sozialen Sicherungssysteme angesichts globaler Märkte, neuer Dienstleistungen und deregulierter Finanzmärkte?

Wie reagiert „die Partei" auf die Digitalisierung? In doppelter Hinsicht. Wenig konsequent ist es, in vielen Reden die Auswirkungen der Digitalisierung auf alle Bereiche des Lebens der Bürger und das Funktionieren der Gesellschaft zu beschreiben: die neuen Fragen von Arbeit und Teilhabe. Denn wenn es sich nicht nur um eine technische Innovation handelt, sondern um eine Umwälzung der Verhältnisse, wie wir leben und wie bzw. ob(!) wir arbeiten, so muss es auch das politische System erfassen und damit die Akteure, die politischen Parteien, insbesondere.

Und wenn die Digitalisierung die Verteilung von Arbeit angesichts neuer, anderer Arbeitsverhältnisse neu aufwirft, so ist der Blick in Nachbarländer ebenso wie zu Gewerkschaften erlaubt oder besser, geradezu zwingend. Warum wirft die IG Metall die Frage einer 28-Stunden Woche (auf Zeit) auf? Was wird in Österreich diskutiert? Wenn deutlich weniger Menschen deutlich produktiver sind und zwar bei einem stetig steigenden Bruttoinlandsprodukt, so ist die Frage nach der Verteilung der Rendite – sofern soziale Sicherungssysteme erhalten bleiben sollen – zwingend zu beantworten. Gleiches gilt für die Verteilung der Arbeit auf die arbeitenden Menschen und ihren Zugang zur digitalen Teilhabe ebenso wie zu fortwährenden Qualifizierungsmöglichkeiten.

Der Trend zur Ungleichheit beschleunigt sich aufgrund der Verteilung von besonders hohen Einkommen und der

Akkumulation besonders großer Vermögen. Wer soziale Gerechtigkeit will, wird um die Klärung der Frage der Gleichheit nicht herumkommen. Und zwar nicht nur aus Sicht der „gleichen Startvoraussetzungen".

Gern debattiert ist die Frage regionaler Ungleichheiten oder gleichwertiger Lebensverhältnisse in unserem Land – warum nicht die Frage der Gleichheit mal weiter erstrecken, auch wenn es dem Neoliberalen missfällt?

Der Umgang mit der Herausforderung des demografischen Wandels ist keine Rentenfrage. Es ist zunächst einmal die Frage eines menschenwürdigen Alterns und betrifft im Kern keinen vorgeblichen ökonomischen Zwang. Und es ist die Frage des Menschenbildes und einer erstrebenswerten Gesellschaft. Hier sollte die Sozialdemokratie nicht in die reflexhafte „Kein Geld da"-Haltung verfallen.

Die Ansätze zur spannenden Positionierung und dem Aufgreifen zentraler gesellschaftlicher Debatten sind so vielfältig wie die Reaktion und Gestaltung der gegebenen Trends. Packen wir es an!

Prozessorganisation:
Über die Vermeidung von Fehlschlüssen

Verlockend scheint der Blick in unsere Nachbarländer. Es erschüttert das De-facto-Verschwinden sozialdemokratischer Parteien in Griechenland, den Niederlanden, in Frankreich.

Anderes scheint einfach übernehmbar per Copy und Paste zu

sein – Ist die Antwort also: Macht es wie Corbyn! Oder: Tut es dem aus der PS ausgetretenen Macron nach! (Aber bitte nicht seine in Grundzügen an die Agenda 2010 erinnernde Arbeitsmarktreformen!)

Doch hier muss eine genauere Betrachtung ansetzen. Denn der zweite Blick zeigt, dass möglicherweise ein Mehrheitswahlrecht in Großbritannien und eine gänzlich andere soziale Lage ein Politikmodell Corbyns begünstigte, ebenso wie seine Wahl durch das Wahlverfahren der britischen Labourparty erst möglich wurde.

Oder, dass Macron eine in Teilen gänzlich entgegengesetzte Politik zur Labourpartei verfolgt, aber in punkto Europabejahung der deutschen Sozialdemokratie mutmaßlich näher steht als die britische Labourpartei unter Corbyn derzeit.

Die Kopie eines politischen Konzepts aus den Nachbarländern scheint reizvoll. Doch nur weil Nachahmer-Produkte und Copy Cats in neuen Märkten oft erkleckliche Renditen abwerfen, so heißt dies nichts für die Übernahme politischer Konzeptionen.

Die Vermeidung von gemachten Fehlern ist eher ein attraktiver Ansatzpunkt beim Blick in die Nachbarländer: Was ist misslungen im Umgang mit der extremen Rechten und den Rechtspopulisten in Frankreich (Le Pens Front National) oder in Österreich (Die FPÖ ist wieder da!).

Abschließend: Der dritte im Bunde mag Bernie Sanders sein. Aber der ist auch weder jung noch eine Frau. Damit sind wir beim Stichwort der Muster und Etiketten.

Verbleiben wir beim Bedienen bekannter Muster: Weil die SPD nach jeder Wahlniederlage seit 2005 eine Parteireform gemacht oder zumindest angekündigt hat, so steht eben 2017 die nächste Reform an. Aber halt: Steht Struktur vor Inhalt? Die neue Satzung vor neuen Personen? Oder die Kultur vor der Strategie?

Die etablierten Parteien allesamt, besonders die sozialdemokratischen, stehen weltweit vor der Herausforderung des Populismus. Geschickt gelingt es der „Rechten", die Rückbesinnung auf den Nationalstaat und die „gute alte Zeit" als Antwort auf Globalisierung und freie Märkte zu inszenieren. Hier gerät die linke Seite unter Druck, zumal sich Wählermilieus zu Teilen gleichen und die Sprache der Autoritären oftmals einfacher und leider – wenn auch inhaltlich falsch – verständlicher in einer immer komplexeren Welt ist.

Gleiches gilt für die scheinbar bequeme Oppositionsrolle – doch irgendwann wird sich bei aller klaren Position und Abgrenzung zur Regierung die Frage aufdrängen: Mit wem wollt ihr den regieren?

Die SPD braucht dringend eine Machtperspektive. Und zwar jenseits einer großen Koalition. Es ist also ungemütlich neben AfD und Linken. Oder es sollte sich mit Blick auf den Gestaltungsanspruch der Sozialdemokratie zumindest so anfühlen. Bereits 2009 hatte der damaligen Kanzlerkandidat Frank-Walter Steinmeier ein ähnliches Problem. Heute, zwölf Jahre nach dem zuvor erfolgten Eintritt in die Große Koalition 2005 und dem Verlust der rot-grünen Mehrheit auf Bundesebene bietet sich eine Klärung dieses strategischen Dilemmas an.

Doch diese Vergangenheit ist weder zu positiv noch zu negativ zu verklären. Die Zukunft der SPD wird sich weiterhin als nicht hundertprozentig vorhersagbar wie planbar darstellen. Denn auch seit 1999 hat die SPD noch Wahlen gewonnen. Und auch nach 2005. Und ebenfalls nach dem 24. September 2017 – nämlich in Niedersachsen. Was leitet die SPD hieraus ab?

Eines daher zum Schluss: Im Nachhinein scheint alles einer scheinbar zwangsläufigen wie inneren Ordnung gefolgt zu sein. Es war also im Nachhinein wohl klar, dass die SPD unumgänglich als „geschlagene Partei in einer existenziellen Krise" nach 2009 und 2013 nun 2017 dastehen musste. Umso „logischer" erscheint dies, da nun eine Vielzahl von Texten – auch dieser – publiziert wird und alles offenbar als klar absehbar erschien.

Aufdrängende Frage: Bedeutet die große Zahl der Analysen und Empfehlungen, wenn sie denn vor der Wahl vorgelegt worden wären, dass die Niederlage hätte vermieden oder geschmälert werden können?

Dem ist wohl nicht so, auch wenn zuweilen auch in diesem Text auf vorhandene Analysen, bekannte Fragen und Vorsprungswissen der Sozialdemokratie verwiesen wurde. Doch diese Verweise dienten eher zum Aufzeigen heute zu klärender Fragen und notwendiger Veränderungsbedarfe.

Abschließend ein kleiner Exkurs: Nassim Nicholas Taleb identifizierte das zwiespältige menschliche Verhalten, einerseits größte, aber unerwartete Katastrophen nicht kommen zu sehen – eben, weil sie zufällig erscheinen und höchst selten sind, doch andererseits in der anschließenden Aufarbeitung der zur Katastrophe führenden Ereignisse alles als zwangsläufig und unabänderlich erscheinen zu lassen. Doch es liegt dieser Befund im Nachhinein nur an der Methodik der Rückschau selbst. Mehr noch: Es bleibt bei unserer Unfähigkeit, aus der Analyse der Vergangenheit die Zukunft vorauszusagen.[16]

Als Verantwortung bleibt aber, die Fehler der Vergangenheit nicht zu wiederholen.

Die großen gesellschaftlichen und globalen Herausforderungen und die Notwendigkeit der mutigen Gestaltung unserer Zukunft machen mich zuversichtlich für die Zukunft der Sozialdemokratie – in Deutschland und Europa. Denn diese Umbrüche bedeuten eine große Chance für die Sozialdemokratie.

Es ist viel zu tun, aber es gibt genauso viel zu gewinnen und gute Chancen, die Aufgabe der Parteierneuerung auch gelingen zu lassen. Denn die Parteierneuerung ist Mittel zum Zweck. Um die Zukunft besser als bisher durch eine starke, mehrheitsfähige Sozialdemokratie gestalten zu können. Um das zu erreichen, muss die SPD beherzt anpacken, sich nicht verzetteln und neue Antworten auf sich neu stellende Fragen geben.

Anmerkungen

1   Gilt z.B. der Satz „Work hard, play by the rules" im Sinne Bill Clin-
    tons noch als progressiv oder sozialdemokratisch? Und: Steht die
    Idee des selbstbestimmten Lebens durch eigene Arbeit noch im
    Mittelpunkt der sozialdemokratischen Idee? Klären wir das!

2   Warum wohl versucht die neoliberale Organisation „Neue Initiative
    Soziale Marktwirtschaft" beispielsweise sich ebendiesen Begriff
    der sozialen Marktwirtschaft in der Deutungshoheit zu sichern?

3   Diese sind allerdings allein schon aus historischen Gründen ge-
    sondert zu betrachten und als Herausforderung anzunehmen.

4   Matthias Machnig beschrieb die Aufgabe bereits 2000 (!): Vgl. Mach-
    nig, Matthias (2000): Das SPD-Dokument. Netzwerkgesellschaft
    und Netzwerkpartei. 20.10.2000. Auf: http://www.spiegel.de/poli-
    tik/deutschland/das-spd-dokument-netzwerkgesellschaft-und-
    netzwerkpartei-a-99300.html, zuletzt: 24.07.2020.

5   Vgl. Raschke, Joachim; Tils, Ralf (2013): Politische Strategie. Eine
    Grundlegung. Wiesbaden.

6   Neugebauer, Gero (2007): Politische Milieus in Deutschland. Eine
    Studie der Friedrich-Ebert-Stiftung. Schon im Klappentext heißt
    es: „Die Befunde machen deutlich, dass der gesellschaftliche Wan-
    del zahlreiche Aufgaben für die Politik und die Parteien nach sich
    zieht. Sie zeigen, dass die Bevölkerung über die Zukunft massiv
    verunsichert ist, ebenso durch die Wahrnehmung sozialer Verwer-
    fungen. Ferner enthüllt das Ergebnis ambivalente Einstellungen
    zur Reformpolitik und einzelnen Maßnahmen sowie erhebliche
    Kommunikationsprobleme zwischen Politik und Gesellschaft."

7   Stephan Grünewald im Gespräch mit Parvin Sadigh, 26.07.2017. Auf: http://www.zeit.de/gesellschaft/zeitgeschehen/2017-07/ wahlkampf-merkel-schulz-wohlstand, zuletzt: 24.07.2020.

8   Vgl. den Koalitionsvertrag 2013, S. 162: „Genauso wie den Erfolg der Verhandlungen der Europäischen Union über ein Freihandels- abkommen mit den USA (TTIP) streben wir auch den zügigen Ab- schluss weiterer Handelsabkommen mit dynamisch wachsenden Schwellenländern an. Unser Ziel ist eine Vertiefung der Wirt- schafts- und Handelsbeziehungen." Und S. 168: „Das geplante Frei- handelsabkommen mit den USA ist eines der zentralen Projekte zur Vertiefung der transatlantischen Beziehungen. Wir wollen, dass die Verhandlungen erfolgreich zum Abschluss geführt werden, ohne im Vertrag parlamentarische Kontrolle und gerichtlichen Schutz in Frage zu stellen. Unser Ziel ist dabei, bestehende Hindernisse in den transatlantischen Handels- und Investitionsbeziehungen so umfassend wie möglich abzubauen."

9   Vgl. den Koalitionsvertrag 2013, S. 9 „Diesem Ziel dient auch eine Ausweitung der LKW-Maut sowie eine europarechtskonforme PKW- Maut, mit der wir Halter von nicht in Deutschland zugelassenen PKW an der Finanzierung zusätzlicher Ausgaben für das Autobahn- netz beteiligen wollen, ohne im Inland zugelassene Fahrzeuge hö- her als heute zu belasten."

10 Ob diese tatsächlich und umgehend angesichts des umfassenden Qualifizierungsbedarfs – angefangen beim Spracherwerb – seitens der geflüchteten Menschen entsteht, sei dahingestellt.

11 Vgl. beispielsweise: Vitzthum, Thomas (2017): Flüchtlingskosten übersteigen Marke von 20.000.000.000 Euro. 10.03.2017. Auf: https://www.welt.de/politik/deutschland/article162720105/

Fluechtlingskosten-uebersteigen-Marke-von-20-000-000-000-Euro.html, zuletzt: 24.07.2020.

12 Vgl. Der Standard: EU verliert durch Steuerbetrug 1.000 Milliarden, 06.12.2012. Auf: https://www.derstandard.at/story/1353208393715/eu-verliert-durch-steuerbetrug-1000-milliarden-im-jahr, zuletzt: 24.07.2020.

13 Dies sei eben Politik, alles andere nur ein „durchwurschteln". Vgl. Eppler, Erhard (1998): Die Wiederkehr der Politik.

14 Man denke nur an „demokratiefreie Zonen", in den sich offen bekennende NS-Strukturen mit ihren regelmäßigen Jugendfesten und stationären Jugendtreffs breitmachen.

15 Thomas Piketty, zitiert nach Krämer, Hagen (2014): Thomas Piketty und die wachsende Ungleichheit im Kapitalismus, S. 3. Auf: http://library.fes.de/pdf-files/wiso/11070.pdf, zuletzt: 09.07.2020.

16 Vgl. Taleb, Nassim Nicholas (2008): Der Schwarze Schwan. Die Macht höchst unwahrscheinlicher Ereignisse.

„Wir haben eine große und positive Vision der Zukunft und sind bereit dafür konkret zu handeln. Es muss daher beides zusammengehen: Die mutige, große Vision und die konkrete Verantwortungsübernahme im Sinne der Menschen zur Verbesserung der Dinge im Hier und Jetzt. Das eine schließt das andere nicht aus – es bedingt einander!"

Anlässlich des Eintritts der SPD in die neue Große Koalition im Februar 2018 beschäftigte ich mich mit der Frage nach dem Kern und Wesen der Demokratie und der Zukunft der Sozialdemokratie. Überzeugt von der Idee, dass die Sozialdemokratie nur erfolgreich sein kann, wenn sie ihre hoffnungsvolle Vision einer guten und gerechten Zukunft mit der Übernahme von Verantwortung zur schrittweisen konkreten Umsetzung dieser Vision verbindet, definierte ich konkrete Handlungsfelder und Zukunftsfragen, die die Sozialdemokratie für sich entscheiden muss.

Vision und Verantwortung!

Debattenbeitrag aus Anlass des Eintritts der SPD in die neue Große Koalition, veröffentlicht am 20. Februar 2018

Wenn wir uns nach dem Kern und Wesen der Sozialdemokratie und damit der Frage nach dem Ziel der sozialdemokratischen Bewegung im Jahr 2018 fragen, so hilft die Rückbesinnung auf Grundlegendes. Denn die Sozialdemokratie lebt vom Hoffnungsüberschuss. Von der Idee eines besseren Morgen.

Die Daseinsberechtigung der Sozialdemokratie sticht im Jahr 2018 nach gut 155 Jahren wechselvoller Geschichte der SPD in einer scheinbar zunehmend unübersichtlichen wie unsicheren Welt deutlicher denn je hervor: eine gute und gerechte Zukunft, die gemeinsam durch solidarisches Handeln erreicht werden kann – in einer Gesellschaft, die durch ein bewusstes Bekenntnis zueinander entsteht und nicht durch Abgrenzung und Spaltung in Gruppen.

Diese Vision des Schaffens und Zusammenhaltens einer gerechteren Gesellschaft ist aller Mühen wert.

Sollten wir dieses Zukunftsversprechen und die Idee des Progressiven aus den Augen verlieren, dann – genau dann scheitern wir als Sozialdemokratinnen und Sozialdemokraten.

Also, nur Mut!

Erste Verabredung

Die Sozialdemokratie hat eine positive Idee der Zukunft. Wir ängstigen unsere Mitmenschen nicht, sondern wir versprechen glaubhaft das bessere Morgen. Dafür arbeiten und streiten wir.

Es wäre in Anbetracht unserer langen Geschichte und wahrgenommenen Regierungsverantwortung doch ein Hohn, die Welt in düstersten Farben zu zeichnen und die Menschen durch Angst und Furcht zu etwas zu zwingen. Das ist das Feld der Populisten und Rechten. Im Gegenteil! Wir wollen begeistern und dazu einladen, den Weg zur besseren Zukunft aktiv und gemeinsam zu gehen!

Dazu kommt gemäß des von Ernst Bloch formulierten Prinzips Hoffnung (also seines Werkes, das eigentlich passenderweise „The dreams of a better life" heißen sollte): „[Wir wollen] ins Gelingen verliebt sein, nicht ins Scheitern."

Daraus folgt gleich zweierlei: Wenn es um die Wahl zwischen dem Warten auf die einmalig umwälzende Revolution geht oder um die konkrete Verbesserung im Hier und Jetzt, dann sind wir Sozialdemokratinnen und Sozialdemokraten auch zu Kompromissen bereit, um durch Handeln das Hier und Heute zumindest ein Stück besser zu machen. Das ist linker Pragmatismus.

Daraus folgend lässt sich ein Leitgedanke ableiten, der an unseren österreichischen Genossen Bruno Kreisky anknüpft, als er es wie folgt formulierte:

„Wir müssen zur Kenntnis nehmen, dass gewisse Umstände so und nicht anders sind, aber das bedeutet noch lange nicht, dass wir bereit sein müssen, sie als unumstößliche Tatsachen hinzunehmen. Ich bin in der Politik immer für eine positive Änderung der Verhältnisse eingetreten [...].“

Und aus dieser doppelten Feststellung ergibt sich ein weiterer Punkt: Wir haben eine große und positive Vision der Zukunft und sind bereit dafür konkret zu handeln. Es muss daher beides zusammengehen: Die mutige, große Vision und die konkrete Verantwortungsübernahme im Sinne der Menschen zur Verbesserung der Dinge im Hier und Jetzt. Das eine schließt das andere nicht aus – es bedingt einander!

Zweite Erkenntnis und Verabredung

Der Entwurf einer attraktiven, mutigen Vision von Staat und Gesellschaft zwingt uns geradewegs zu heutigem Handeln zur Erreichung derselben. Wenn wir Sozialdemokraten vom demokratischen Sozialismus in unserem Programm sprechen, dann ist das nicht hohles Gerede, sondern echtes Ziel, dass durch Übernahme von Verantwortung und Gestaltung Stück für Stück erreicht wird.

Daher eine Anmerkung zur aktuellen Debatte um die Zukunft der SPD: Die Herausforderung der Sozialdemokratie entscheidet sich nicht entlang der Frage der Regierungsverantwortung oder dem Innehaben der führenden Oppositionsrolle im Deutschen Bundestag.

Noch konkreter: Ob die SPD den neuen Entwurf einer attraktiven Vision des besseren Morgens sowie die glaubhafte Beschreibung des Pfades dorthin personell, strukturell und organisatorisch und damit ihre grundlegende Erneuerung schafft, hängt nur von uns selbst ab!

Sie wäre aber negativ entschieden durch den freiwilligen Verzicht auf Verantwortung ohne ausreichende wie nachvollziehbare Begründung und Perspektive.

Zugegeben – viele linke, sozialdemokratische Parteien sind in Europa marginalisiert – aber die Analyse zeigt: Es liegt doch nicht daran, ob sie regiert haben oder nicht. Zumindest der empirische Nachweis fehlt. Denn die Ursache liegt tiefer.

Die Erneuerung der Partei bedeutet, dass wir endlich mutige Antworten auf die Fragen der Zeit geben. Schaffen wir es, die vorhandenen, sich verstärkenden Ängste um die Zukunft zurückzudrängen, um Raum für Hoffnung und Vertrauen zu eröffnen? Dann hat die Sozialdemokratie in Deutschland eine große Zukunft und Chance.

Wir müssen und wir wollen neue und vor allem relevante Fragen debattieren und mit Hauptsätzen und klaren Positionen beantworten. Klarheit in der Sache ist jedoch nicht mit Kompromisslosigkeit zu verwechseln.

In Anbetracht immer längerer Wahlprogramme wird immer deutlicher: Die Summe aller Spiegelstriche ergibt auch keine Mehrheit. Es geht darum, die Bruchkanten zwischen den politischen Lagern deutlich zu machen und echte Wahlmöglichkeiten zu schaffen.

Auf den Punkt: Was bringen immer neue 100%-Programme, wenn gleichzeitig die Zustimmung bei Wahlen durch zunehmende Fragmentierung der Wählerschaft sinkt? Da scheint Redebedarf zu sein – also packen wir es an.

Vielerorts wird debattiert und eine Vielzahl interessanter Ansätze ist bereits verfasst. Das Problem: Es bleibt bei angerissenen Diskussionen. Genau diesen Aspekt führt der Wissenschaftler Nikolaus Kowall in seinem jüngsten Artikel *Krise der SPD: Auf welche Themen die Sozialdemokratie setzen muss* an. Kowall stellt fest: „[...] als viele relevante Themen eigentlich auf der Straße liegen. Man könnte überspitzt sagen: Die großen Fragen der Zeit werden überall heißer diskutiert als in der sozialdemokratischen Parteienfamilie [...]. Was sind die Themen, aus denen Antworten für die Zukunft generiert werden müssen, um Ängste zu nehmen und Vertrauen zu gewinnen?"[1]

Lohnende Felder der Debatte sind zum Beispiel Fragen zur Verteilungsgerechtigkeit, der Zukunft des modernen Sozialstaats oder auch die Definition der Rolle des Staates.

Warum belasten wir trotz gigantischer Produktivitätssteigerungen weiterhin vor allem den Faktor Arbeit und nicht die zunehmend anders gegebene Wertschöpfung in Kapitalerträgen?

Trotz der steigenden Produktivität müssen Menschen immer länger arbeiten – warum machen wir das eigentlich mit? Das geht doch anders viel besser!

Wie gehen wir mit der ungleichen Verteilung immer größerer Vermögen um und was bedeutet dies für den Leistungsbegriff auch kapitalistischer Wirtschaftssysteme? Thomas Pikettys 2014 veröffentlichter Debattenbeitrag *Das Kapital im 21. Jahrhundert* wurde von der Friedrich-Ebert-Stiftung aufgegriffen – die Debatte und Klärung in der SPD steht allerdings bis heute aus. Was ist mit einem neuen Ansatz in der Nachhaltigkeitsdebatte, dem Blick auf die Lebensqualität und mehr Zeitsouveränität?

Wie schaffen wir eine umfassende Wiederaufnahme der staatlichen Investitionen in die Zukunftstechnologien und den leistungsfähigen Staat? Durch die klare Definition der öffentlichen Aufgaben.

Zeit gewinnen für Familie, Freizeit und Kultur – das wäre doch mal was. Also wie gehen wir mit den in der Bundestagswahlkampagne angerissenen Ansätzen um?

Die Zukunft der Staaten, der Demokratie und die Herausforderung der Globalisierung kann durch die linken Kräfte nur mit der Renaissance der Politik und der Stärkung der Debatte beantwortet werden.

Einzelne Staaten können wenig, altes Wort. Wir wissen, dass das Kapital international organisiert ist und die Arbeit national. Doch tiefergehend: Wir haben immer noch keine konsistente Antwort sowie Strategie im Umgang mit den Trends der Internationalisierung und Globalisierung entworfen – doch da müssen wir ran. Fairer Handel und Regulierung eines entfesselten Kapitalismus gelingen nur durch starke Staaten und internationale Kooperation. Es ist mehr als die Forderung nach einer Finanztransaktionssteuer, nämlich die Begrenzung des Rechts des Stärkeren (in Form des Kapitals) durch das Recht selbst in Form internationaler Regeln.

Die Zukunft der Demokratie durch einen neuen Integrationsbegriff und durch den Entwurf eines neuen Gesellschaftsvertrages sichern – das ist ein weiteres wie konstituierendes Element handlungsfähiger Staaten.

Inhalte müssen sich aber mit Strategie verbinden – sonst nützen die schönste Debatte und Positionierung nichts – blieben sie doch hohle Theorie. Es gilt, aus all den hier nur angerissenen Debatten eine neue Bündnisfähigkeit der SPD zu schaffen.

Denn die Kernfrage bleibt doch: Mit wem wollen wir was umsetzen? Die SPD muss dafür zweierlei schaffen. Sie muss erstens Plattform für aktuelle gesellschaftliche Diskussionen werden, dabei aber stets sozialdemokratische Antworten auf die Debatten geben – und eben nicht beliebig werden.

Plattform sein, heißt: Die Debatten in den Gewerkschaften, in der Wissenschaft und Forschung, aber auch in den neuen sozialen Bewegungen zusammenbinden zu einer linken, progressiven Politik. Das, was dort läuft in Medien, Wissenschaft und Gesellschaft muss in den Mittelpunkt der Arbeit der SPD – aber die SPD muss auch den Mut zum Anschub und zur führenden Rolle in den Debatten haben. In bestimmten Zeiten der Republik klärten sich Fragen der deutschen Politik auf SPD-Bundesparteitagen. Das kann wieder sein!

Dabei müssen wir bei aller theoretischen Stärke auch beachten, dass es nicht nur auf Parteitagen um eine tragfähige Mehrheit gehen kann – es braucht nicht zuletzt die breite gesellschaftliche Zustimmung über die zersplitterten Wählerschaften hinweg als neues bindendes Element für einen notwendigen Wahlerfolg.

Die SPD muss dadurch zweitens der spannendste Ankerpunkt einer neuen Mehrheit in diesem Land sein!

In seinem jüngst veröffentlichten Gastbeitrag *Wie die Erneuerung der SPD gelingt* bringt es Johano Strasser, Mitglied der SPD-Grundwertekommission, auf den Punkt: „Die Zwecke wieder höher schätzen als die Mittel. Das ist es, was Sozialdemokraten wieder lernen müssen, das ist auch der Kern dessen, was eine gründliche Erneuerung der Partei zu leisten hätte. Sich nicht einreden lassen, dass ohne Wachstum gar nichts geht, nicht alles und jedes, was die Cleverles in Silicon Valley uns als glänzende Zukunft präsentieren, ungeprüft als Fortschritt akzeptieren, sich nicht einreden lassen, die Globalisierung, wie sie ist, sei nun einmal die Globalisierung und basta! Die Sozialdemokraten, nicht nur in Deutschland, sondern überall in Europa und in der Welt, müssen sich endlich aus der Sklaverei durch Mittel befreien, die sich zu Zwecken aufgeworfen haben, damit sie nicht aus den Augen verlieren, wofür sie eigentlich Politik machen sollten."[2]

Daher gilt es: Zeit gewinnen, sich Zeit nehmen für die Debatten, mutig und zuversichtlich sein. Traurige Gesichter, Angsthasen und Miesepeter ohne Idee werden nicht gewählt. Das wird nicht die Lösung sein. Stattdessen: Mit uns zieht die neue Zeit! Vision und Verantwortung schließen sich nicht aus – sie ergänzen sich.

Anmerkungen

1   Kowall, Nikolaus (2018): Krise der SPD. Auf welche Themen die Sozialdemokratie setzen muss. Gastbeitrag auf dem Blog Kontrast. at, 13.02.2018. Auf: https://kontrast.at/krise-der-spd-auf-welche-themen-die-sozialdemokratie-setzen-muss/, zuletzt: 20.07.2020.

2   Strasser, Johano: Wie die Erneuerung der SPD gelingt. Gastbeitrag, 06.02.2018. Auf: https://www.fr.de/kultur/erneuerung-gelingt-10985925.html, zuletzt: 20.07.2020.

Konzeptionelle Gedanken zur Strukturierung und inhaltlichen Klärung des sozialdemokratischen Programms

Persönliche Ausgangsbasis für den späteren „Rot pur"-Prozess
(Digitalisierung eines Flipchart-Papiers vom 14.05.2018)

**NIE VERGESSEN:
NICHTS IST
UNVERÄNDERLICH!**
- Globalisierung
- Digitalisierung
- Europäisierung

AUCH DER RAHMEN VON
POLITIK WIRD DURCH
POLITIK DEFINIERT +
GESTALTET!!

Wandel für die
Menschen
machen:
**sozialer
Fortschritt**

DIE HERAUSFORDERUNGEN DER ZEIT:
- Demokratie und Gesellschaft
- Gleichheit/Ungleichheit
- Staat: Rolle in Zukunft!
- Internationalisierung: Europa NEU
- Nachhaltigkeit
- digitaler Kapitalismus
- Krieg + Frieden

MUTIG SEIN! SPANNEND SEIN! NEUES+BESSERES WOLLEN!

Neue Idee von Staat+Gesellschaft || neuer Gesellschaftsvertrag
Wertschöpfung + Kapital statt Arbeit besteuern!
Kein Niedriglohn mehr --> Arbeit (selbstbestimmtes Leben)
                gerecht verteilen
Zeit ist Souveränität | Daten sind Rechte
Nicht zulassen, dass Kapitalismus Demokratie beseitigt
= den Markt demokratisieren

"NEW DEAL" Soziale Investitionen; soziale Innovation
= ein sozialdemokratisches Jahrzehnt des sozialen Fortschritts

„Die SPD braucht dringend eine überzeugende und in sich schlüssige Vision von Staat und Gesellschaft, um wieder Taktgeberin der zentralen Debatten der Republik zu sein. Diese Vision muss deutlich über ein oder zwei Wählermilieus hinausreichen und stattdessen ein verbindendes Zukunftsbild sein. Die Summe einer an den Interessen einzelner Gruppen orientierten Politik ergibt noch kein sozialdemokratisches Ergebnis, oder anders: kein ‚Wir‘."

Klientel- und Identitätspolitik treibt die Spaltung unserer Gesellschaft voran, statt sie zu überwinden. Die SPD braucht eine gesellschaftliche Grundidee, hinter der sich alle versammeln. Materielle Ungleichheit und ungerechte Voraussetzungen sind das gesellschaftliche Grundproblem, für das Sozialdemokraten **Antworten** geben müssen. Diese Antworten sollten auf Basis unserer drei gleichwertigen und sich gegenseitig bedingenden Grundwerte von Freiheit, Gerechtigkeit, Solidarität beruhen. Wie eine solche Debatte gestaltet werden könnte und welche Antworten sie ermöglicht, habe ich im September 2018 in einem Essay für den Landesvorstand der nordrhein-westfälischen SPD beschrieben, das hier zum ersten Mal veröffentlicht wird. Dieser Diskussionsimpuls beruht auf meiner festen Überzeugung, dass uns Sozialdemokratinnen und Sozialdemokraten eines immer geeint hat: Der Mut zu Visionen und die Zuversicht, Missstände ändern zu können.

Auf nach vorne! Kurs auf das sozialdemokratische Jahrzehnt

Von guten Debatten für eine gute und gerechte Gesellschaft

Diskussionsimpuls vom 22. September 2018

Sagen, was ist.

Die SPD steht – wie auch die demokratisch-pluralistische Gesellschaft insgesamt – vor großen Herausforderungen. Zukunftsfragen sind ungeklärt und bedienen stattdessen Ängste, die von Populisten schamlos gegen Freiheit, Demokratie und Solidarität ausgenutzt werden. Es ist die Aufgabe der Sozialdemokratie, eine neue starke Vision von Staat und Gesellschaft zu entwickeln, die Wirkung über einzelne Wählermilieus hinaus entfaltet. Dazu muss sie weg von der reinen, letztlich spaltenden Identitätspolitik, die nur die Interessen einzelner Gesellschaftsgruppen bedient und im Kern im Widerspruch zur Idee der Freien und Gleichen steht, und zurück zur echten Solidarität. Mehr noch: zur grundlegenden Herausforderung und Grundproblematik aller Gesellschaften: der materiellen Ungleichheit. Aus den um Status konkurrierenden Gruppen muss mittels verbindender Idee ein „Wir" werden. Nur so kann eine progressive, linke Volkspartei erfolgreich sein. Als Leitplanken für diesen Klärungsprozess, der zur Profilschärfung und Konzentration führen muss, schlage ich unsere Grundwerte Freiheit, Gerechtigkeit und Solidarität vor. Sie anhand aktueller politischer Herausforderung und der

Frage „In welcher Gesellschaft wollen wir leben?" zu aktualisieren, ist Chance und Notwendigkeit zugleich. Solidarität bewahrt uns davor, nur die Einzelinteressen in den Blick zu nehmen. Gerechtigkeit lenkt unsere Aufmerksamkeit auf das durch materielle Ungleichheit brüchig gewordene Versprechen, dass sich Leistung lohnt. Freiheit bestimmt unser Bild vom freien Menschen und bestärkt unseren Kampfeswillen gegen den weltweiten Rechtspopulismus.

Die *Antworten (!)* auf die drängenden Fragen der Zeit angesichts von Mega-Trends wie Globalisierung und Digitalisierung kann die NRWSPD in einer „Zukunftskampagne" entlang von *fünf Leitdebatten* und *zehn Handlungsfelder* geben.

Zu strukturieren wäre hiernach diese Debattenarbeit in folgende Leitdebatten: Erstens „Sicher selbstbestimmt leben" (mit den Handlungsfeldern „soziale Sicherheit" und „garantierte Teilhabe"), weitens „Neue Chancen im digitalen Zeitalter" (mit den Handlungsfeldern „beste Bildung" und „humane Arbeit"), drittens – mit besonderer Wichtigkeit für NRW: „Strukturwandel innovativ gestalten" (mit den Handlungsfeldern „soziale Innovation" und „nachhaltige Wirtschaft"), viertens „Kraft des Zusammenhalts stärken" (mit den Handlungsfeldern „handlungsfähiger Staat" und „offene Gesellschaft") und fünftens – gerade mit Blick auf die Europawahl: „Globalisierung solidarisch gestalten" (mit den Handlungsfeldern „Globale Solidarität" und „Zukunft Europa" – daraus schlüssig folgend eine eigenständige Friedenspolitik für das 21. Jahrhunderts).

Doch die Debatte muss mehr werden als Beschlusstext und parteiinterner Diskurs. Wir müssen die Zukunftsdebatte zur

Kampagne selbst machen und hieraus folgend den Entwurf eines neuen und mehr als nötigen Gesellschaftsvertrages mit einem klaren Bild von Staat und Gesellschaft in Abgrenzung zur politischen Konkurrenz entwickeln.

Die NRWSPD braucht den Mut, nicht nur Fragen zu stellen und Handlungsfelder sowie Leitdebatten zu bestimmen. Sie muss bereit sein, mit mal mehr und mal weniger provokanten Thesen und Impulsen in die Debatte mit Partnern, Gegnern und weiteren gesellschaftlichen Stakeholdern zu kommen. Dieser Text soll ein Beitrag zur Strukturierung der Debatte ebenso wie ein inhaltlicher Debattenimpuls zu ausgewählten Feldern sein.

Auf nach vorne: Wir meinen „Rot pur" ernst

Die politische Lage ist an vielen Stellen dramatisch. Nicht nur durch mediale Verstärkung deutscher Leit- und sozialer Medien ist das offenbar. Aber das ist kein Grund zur Panik. Im Gegenteil: Wir Sozialdemokratinnen und Sozialdemokraten haben die Pflicht, den Mut und die Verantwortung, in Phasen des Umbruchs die richtigen Antworten zu finden. Die gesellschaftlichen Herausforderungen anzunehmen, das ist eine der zentralen Gründungsideen der SPD. Sie gilt heute wie vor 155 Jahren. Wir ducken uns deshalb nicht weg.

Die Gesellschaft braucht neue und zukunftsrobuste Antworten von uns. Ungleichheit und Ungerechtigkeit wachsen stetig und verursachen immer tiefere Gräben. Während die Gleichstellung der Geschlechter auf einem guten Weg, aber lange noch nicht abgeschlossen ist, initiieren die Neuen Rechten einen Rollback, der das Erreichte gefährdet. Internationale Anstrengungen werden von egoistischen Nationalisten und unberechenbaren Despoten torpediert. Die Idee der Europäischen Union, die uns die längste Epoche von Frieden der vergangenen Jahrhunderte brachte, steht unter Druck und Beschuss wie nie. Internationale und friedliche, wenn auch langfristige Lösungen werden durch Populisten verhöhnt und diffamiert. Währenddessen bilden Konzerne ihre eigene Weltordnung, die zum Wohlergehen weniger Profiteure einen brutalen Raubbau an unserem Planeten betreiben, ohne jedes Bewusstsein für die Umwelt und die Menschen, die in ihr leben.

Wer bei diesen Herausforderungen zynisch mit den Schultern zuckt, ist in der SPD am falschen Platz. Sozialdemokratische Politik packt an mit klarem Kompass für mehr Gerechtigkeit und dem festen Willen zur Veränderung. Für die Sozialdemokratie liegt der beste Tag immer in der Zukunft und den gilt es anzupeilen. Wir wollen gemeinsam für die Veränderungen streiten, die zu substanziellen Verbesserungen führen. Das Ziel ist ein sozialdemokratisches Jahrzehnt, in dem diese Veränderungen stattfinden können. Dafür wollen wir nach vorne kämpfen. Dafür ist Konzentration, harte Arbeit und einiges an inhaltlicher Klärung zu vollbringen. Lasst uns aufhören mit dem „Wir gegen uns". Dazu gehört auch, das Erreichte und Gute einerseits zu loben, ohne sich andererseits darauf auszuruhen und zufrieden zu sein. Lasst uns endlich wieder sozialdemokratische Politik aus einem Guss machen. Das ist es, was von uns erwartet wird.

Die Krisengipfelpolitik der vergangenen Jahre hat viele mutlos gemacht. Eine Sozialdemokratie, die sich dem anpasst und nur auf Sicht fährt, hat keinen Erfolg. Wir füllen besser den Platz einer starken linken, progressiven Kraft, die Verantwortung übernimmt, indem sie ihre Ideen politisch umsetzt. Gleichzeit brauchen wir den Mut zu einer großen Idee, die nicht an einem einzigen Tag und durch einen einzigen Wahlerfolg erreichbar ist. Eine Kraft, die ihre Anträge auf Parteitagen nicht bereits mit Wischi-Waschi-GroKo-Positionen oder mit rot-grünen Formelkompromissen verwässert, sondern es mit den ungerechten Auswüchsen eines wilden Kapitalismus und schwindender demokratischer Haltung aufnimmt. Globalisierung, Digitalisierung oder Europäisierung – der Wandel ist von Menschen gemacht. Also können wir ihn auch gestalten. Den von Menschen gemachten Wandel zu einem Wandel für die Menschen zu machen – das ist sozialer Fortschritt. Lasst uns in diesem Sinne wieder Politik machen. Die Zukunft braucht „Rot pur".

Diese Zeilen sind dazu gedacht, uns dafür einen Gedankenimpuls zu geben, Debatten aufzuzeigen und ihnen eine Richtung zu geben, die sich für die Sozialdemokratie nicht nur lohnen, sondern bitter nötig sind. Wir werden nicht gewählt für die besten Fragen, denn die stellen auch andere, sondern für die besten Antworten für eine gute und gerechte Zukunft.

Jetzt umdrehen: Die Summe von Einzelinteressen und Abgrenzung nach Identitäten ergibt kein „Wir"

Die SPD braucht dringend eine überzeugende und in sich schlüssige Vision von Staat und Gesellschaft, um wieder Taktgeberin der zentralen Debatten der Republik zu sein. Diese Vision muss deutlich über ein oder zwei Wählermilieus

hinausreichen und stattdessen ein verbindendes Zukunftsbild sein. Die Summe einer an den Interessen einzelner
Gruppen orientierten Politik ergibt noch kein sozialdemokratisches Ergebnis, oder anders: kein „Wir". Denn für einen
Großteil der Gesellschaft spielen diese Interessen keine Rolle.
Im Gegenteil: Wir laufen Gefahr, die Solidarität der Vielen zu
verspielen. Sozialdemokratische Politik mit Relevanz erhalten
wir nur, wenn unser politisches Handeln immer mit einer gesellschaftlichen Grundidee verbunden wird, sprich: Auch diejenigen, die von einer gerechten politischen Handlung nicht
selbst oder nicht direkt profitieren, empfinden sie emotional
als richtig. Damit sind wir beim Unterschied zwischen reiner
Identitätspolitik und echter Solidarität.

Ein Beispiel: Das durchgesetzte Rückkehrrecht von Teilzeit
in Vollzeit würde nicht nur von direkt Betroffenen als gute
Politik, sondern vielmehr von allen als Errungenschaft wahr-
genommen werden, wenn wir sie mit einem glaubhaften Ge-
samtkonzept „Kinder sind unsere Zukunft" verbinden. Aber
häufig belassen wir es bei zusammenhangslosen Einzelmaßnahmen und sind dann verwundert, wenn selbst diejenigen, die davon direkt profitieren, uns ihre Zustimmung
verweigern. Dazu kommt: Es fehlt schlichtweg das Zutrauen,
dass wir es wirklich ernst meinen, verbunden mit dem Ge-
neralverdacht, dass wir lediglich Politik mit Kalkül oder aus
taktischen Gründen betreiben.

Identitätspolitik ist der Begriff für politisches Handeln, bei
dem die Bedürfnisse einer jeweils spezifischen Gruppe von
Menschen im Mittelpunkt stehen. Hier orientiert sich das Politische am Persönlichen. Um mich nicht falsch zu verstehen:
Das politische Engagement, das seine Motivation aus (selbst)

erlebter Ungerechtigkeit heraus schöpft, hat große Errungenschaften gebracht. Nelson Mandela, Bertha von Suttner oder Willy Brandt haben die Welt mit großem Herzen gerechter und besser gemacht. Aber sie haben Emanzipation nie so verstanden, dass sie nur bestimmten, vor allem unterdrückten Gruppen gelten würde. Große politische Errungenschaften mit einer Bedeutung für die gesamte Gesellschaft sind ihnen nur möglich gewesen, weil sie das große Ganze für alle im Blick behalten haben.

Heutige Formen „linken Politmanagements" vernachlässigen das häufig. Zu oft nehmen sie einen technokratisch bevormundenden Stil an, nachdem diese und jene soziodemografische Gruppe nun erst einmal hinten ansteht, weil eine andere gesellschaftlich Gruppe jetzt aus der Unterdrückung geführt werden müsse. Ja, auch aus diesem Geist sind absolut notwendige Gesetze entstanden. Nein, überzeugen wird die politische Linke aus diesem kulturell-identitären Verständnis heraus nicht. Im Mittelpunkt sozialdemokratischer Politik steht der freie Mensch, der einen gerechten Rahmen für ein selbstbestimmtes und freies Leben unabhängig von materiellen Voraussetzungen vorfindet. Das ist schwerlich vereinbar mit Bevormundung und dem Bild des gleichen Menschen.

Wenn wir die Lebensumstände allein nach statistischen Schubladen sortieren, sagen uns die Bürgerinnen und Bürger zu Recht: So läuft das nicht. Denn jede und jeder von ihnen erfährt in seinem Leben ganz vielfältige Formen von Ungerechtigkeit. Hier gibt es große Unterschiede und die müssen benannt und politisch angegangen werden. Wenn wir aber die Zusammenhänge für die Umstände nicht mehr begreifen und stattdessen die Probleme von Menschen allein über das

Geschlecht, das Alter, die sexuelle Identität oder die Herkunft definieren, dann nimmt man die Logik der politisch Rechten an (Spaltung) und verliert die Hauptursache aus den Augen: Materielle Ungleichheit und ungerechte Voraussetzungen sind für alle das Problem (ohne Ironie: letztlich auch für diejenigen, die jede Solidarität ablehnen).

Ich bin der Ansicht, dass reine Identitätspolitik im Endeffekt ein Spaltpilz ist und den Gedanken der Solidarität konterkariert. Sie betont das Trennende, nicht das Verbindende. Reine Klientelpolitik zementiert Individualisierung, baut als Hauptkonfliktlinie die zu unterstützende „Minderheit" gegen „Mehrheitsgesellschaft" auf und macht somit das Leben in der Gesellschaft zum ständigen Wettbewerb um Statuspositionen. In dieser Welt konkurrierender Unterdrückungsmechanismen wird jeder zum ganz eigenen kulturellen Revolutionär, der das Recht auf sogenannte Steuerparadiese, das Pöbeln im Netz oder den ständigen 9-Euro-Urlaubsflug verteidigt.

Es reicht. Unser Ziel ist Solidarität statt Identitätspolitik. Die SPD darf sich nicht weiter ablenken lassen und muss wieder stärker dagegenhalten: mit einer eigenen sozialdemokratischen Vorstellung von einer starken Gesellschaft, in der der Einzelne nicht schwach ist. Der starke, solidarische Sozialstaat ermöglicht gleiche Startbedingungen und dem Einzelnen das Leben, das er sich wünscht. Nehmen wir Konservative und Liberale doch mit ihrem „Leistung muss sich lohnen"-Werbespruch beim Wort und streiten darüber, was wirklich als Leistung zu verstehen ist. So gehen wir wieder an die Wurzeln der Probleme, die durch wachsende materielle Ungleichheiten hervorgerufen werden. Das ist unsere erste Antwort auf die großen Zukunftsfragen wie Globalisierung und Digitalisierung. Oder um es mit einem Wort des amerikanischen Autoren Mark Lilla zu sagen: „Es wäre höchste Zeit, dass die Linksliberalen eine Spitzkehre machen und sich wieder zu ihren Kernprinzipien bekennen: Solidarität und gleiche Chancen für alle. Nie hat das Land dies mehr gebraucht."[1]

Freiheit, Gerechtigkeit und Solidarität – unsere Debattengrundpfeiler von gestern und morgen

Solidarität – als Ausdruck eines wechselseitigen Vertrauens – muss also weiterhin Grundpfeiler der Sozialdemokratie für das gute menschliche Zusammenleben sein. Wir sind in der Pflicht, die Bedeutung der Grundwerte immer wieder neu zu aktualisieren, damit sie nicht zu Worthülsen für Sonntagsreden oder Wahlplakate werden.

Die Relevanz von Freiheit, Gerechtigkeit und Solidarität, also *den* wesentlichen Grundwerten, ist nur zu klären, wenn wir die Fragen zu unserem Gesellschaftsverständnis beantworten: In welcher Gesellschaft, nach welchen Regeln und mit welchen Chancen wollen wir leben?

Unser Ziel ist eine schlüssige, attraktive und nachvollziehbare Zukunftsvision von Staat und Gesellschaft. Bislang gilt da ein Versprechen: „Bemühe dich, halte dich an die Regeln und sei fleißig – dann wirst du deinen Weg machen und *dafür* bietet dir unser Staat gleiche Chancen."

Gilt das noch? Oder wird am Ende nicht genau das Leistungsprinzip, das Liberale und Konservative in ihren Sonntagsreden bemühen, durch obszön ungleich verteilte Vermögen und leistungslose Einkommen in Form schwach besteuerter größerer Erbschaften aufgehoben? Was gilt da heute eigentlich als Leistung und mit welcher Legitimation?

Der Wirtschaftswissenschaftler Thomas Piketty kommt zu diesem Befund: „Wenn die Kapitalrendite dauerhaft höher ist als die Wachstumsrate von Produktion und Einkommen, was bis zum 19. Jahrhundert der Fall war und im 21. Jahrhundert wieder zur Regel zu werden droht, erzeugt der Kapitalismus automatisch inakzeptable und willkürliche Ungleichheiten, die das Leistungsprinzip, auf dem unsere demokratischen Gesellschaften basieren, radikal in Frage stellen."[2]

Die Vermögen werden zunehmend ungleicher verteilt. Das ändert sich auch nicht, wenn die Einkommen steigen. Selbst größte Investitionen in Wachstum fangen das nicht auf. Die Sozialreformen der Vergangenheit – insbesondere auch unsere eigenen – tragen ihres dazu bei. Am Ende gehen diejenigen, die ihr Leben lang gearbeitet haben, die Vorsorge in Form von angespartem Vermögen und Eigentum betrieben haben, in einer Notlage oftmals leer aus. Und entgegen des Aufstiegsversprechens stehen sie im Falle von Arbeitslosigkeit recht schnell denjenigen gleich, die gar nicht vorgesorgt haben (oder vorsorgen konnten), wenn das eigene Vermögen aufgebraucht ist. Dem gegenüber verfügen andere über „leistungsloses Einkommen" in Form größter Erbschaften, die zudem ungleich besteuert sind und damit die Verzerrung der ungerechten Verteilung noch weiter verschärfen. Die Reform des Steuerrechts und die Fragen der Besteuerung von größten Vermögen und Erbschaften sind daher ein vorrangiges Handlungsfeld der Sozialdemokratie. Nehmen wir doch das neoliberale Werbe-Mantra „Leistung muss sich lohnen" in Angriff.

Fragen wir sie doch, warum das Leistungsprinzip nicht funktioniert. Es ist unklar, was heute oder in Zukunft als Leistung verstanden wird oder auf welcher Basis sich diese Leistung wie auch immer lohnen soll. Mit der Neubestimmung unserer Grundwerte entwickeln wir einen Gegenentwurf.

Unsere drei Grundwerte bedingen sich gegenseitig. Konservative und Liberale spielen die Grundwerte nicht selten gegeneinander aus: je mehr Freiheit, desto weniger Gerechtigkeit und umgekehrt. Im sozialdemokratischen Verständnis bilden sie eine feste Einheit. Sie sind gleichwertig und gleichrangig. Vor allem: Sie bedingen, ergänzen, stützen und begrenzen einander. Unser Verständnis der Grundwerte bewahrt uns davor, Freiheit auf die Freiheit des Marktes, Gerechtigkeit auf den Rechtsstaat, Solidarität auf Armenfürsorge zu reduzieren.[3]

Im Folgenden soll umrissen werden, wie diese Grundwerte unsere Zukunftsdebatte leiten können.

Solidarität. Der Begriff Solidarität ist historisch eng mit dem klassenbezogenen Arbeitskampf und der Entwicklung des Wohlfahrtsstaats verbunden. Arbeitnehmerinnen und Arbeitnehmer wussten, dass sie mehr als die Summe ihrer Einzelinteressen erreichen konnten, wenn sie zusammen an einem Strang zogen. Die Arbeitsstrukturen haben sich seither jedoch deutlich gewandelt; man denke nur an die große Zahl an Menschen, die nicht mehr in der Industrie, sondern im Dienstleistungssektor arbeiten. Die politische Definition des Arbeitsbegriffs hat nicht Schritt halten können. Insofern hängt das zukünftige Verständnis unseres Grundwerts Solidarität eng mit der Neudefinition unseres Arbeitsverständnisses zusammen. Ungerechtigkeiten, Machtfragen und Ausbeutung am Arbeitsplatz sind keine Relikte der Vergangenheit, sondern nach wie vor aktuell. Obwohl die Arbeitsplätze sich gewandelt und ausdifferenziert haben, gibt es nach wie vor gemeinsame Interessen unterschiedlichster Arbeitnehmerinnen und Arbeitnehmer. Wir müssen als politischer Partner diese Gemeinsamkeiten wieder mutiger ausarbeiten und auch hier zeigen, wie wir die Arbeit der Zukunft besser machen. Wie sieht sie heute denn aus, die neue „Solidarität 4.0" der Sozialdemokratie mit Blick auf fortwährenden Wandel zum Beispiel bei fast zwei bis drei Millionen Solo-Selbstständigen in Deutschland?

Gerechtigkeit. Wer über Leistung redet, dabei aber die Gerechtigkeit vergisst, macht sich aus sozialdemokratischer Sicht unglaubwürdig. Denn das Leistungsmantra suggeriert, das für alle klar ist, dass gleiche Tätigkeiten für die Gesellschaft auch gleich bewertet werden oder dass alle die gleichen Startchancen haben sollten. Warum ist es dann so, dass der wirtschaftlich „Starke" in gewisser Weise freier ist und „mehr Chancen" hat in unserer Gesellschaft? Warum kann er oder sie trotz des demokratischen Mehrheitsprinzips den politischen Willen gegen ganze Bevölkerungsgruppen, beispielsweise durch überfinanzierte politische Kampagnen und Steuerung zentraler Medienkanäle, durchsetzen? Und ist die Antwort hierauf allein ein Bildungsprogramm, um den Aufstieg möglich zu machen?

Nein. Wer denkt, die Unterscheidung zwischen „Rechts" und „Links" sei von gestern, liegt aus meiner Sicht daneben. Die politischen Lager entzweien sich fundamental an der Frage, ob Gleichheit respektive Ungleichheit mit dem Versprechen des Leistungsprinzips einhergehen. Eine Sozialdemokratie –

verstanden als die progressive Kraft links der Mitte – stellt deshalb die Verteilungsfragen von Macht und Vermögen. Sie bestimmt auch das Verhältnis von Staat und Markt[4] neu. Nur so können wir für eine gerechtere Zukunft kämpfen.

Freiheit. Wie konnte es in demokratischen Staaten zuletzt eigentlich so weit kommen, dass diejenigen Wahlen gewonnen haben, die wie Trump oder die Brexiter angekündigt haben, Freiheit und Bürgerrechte massiv zu beschneiden? Die zugleich das Gerechtigkeitsgefühl der Menschen adressiert haben, indem sie wohl kalkuliert Spaltung betrieben, ohne den Wunsch nach tatsächlicher Verbesserung der Lage: „Dir geht es schlechter, weil die Eliten gegen deine Interessen handeln." Und nun sind es häufig genau diese Gruppen, die unter den Folgen der Wahl von Populisten leiden. Weil ihre Arbeitsplätze durch einen EU-Austritt oder einen Handelskrieg um Zölle eben nicht sicherer werden. Es ist offensichtlich, dass das Solidaritäts- und Gerechtigkeitsempfinden in diesen Gesellschaften massiv gelitten hat. Dort, wo in die Rechte der Bürgerinnen und Bürger eingegriffen wurde, hat das der Solidarität und Gerechtigkeit in der Gesellschaft stark zugesetzt. Wer die drei Grundwerte nicht schützt, gibt die Demokratie seinen Feinden preis. Selbstverwirklichung und demokratische Mitbestimmung sind Prinzipien, für die Sozialdemokratinnen und Sozialdemokaten auch in Zukunft einstehen müssen. Auch bei der Freiheit gilt: Wir sollten bereits heute daran arbeiten, was sie im Zuge von Digitalisierung und Globalisierung bedeutet. Sie darf nie zu einem „überholten" Wert werden.

Unsere Grundwerte helfen uns dabei, klare, abgrenzbare Positionen auf die grundlegenden Fragen der Zukunft zu finden.

Sie helfen uns dabei, uns darauf zu konzentrieren, was eine schlüssige sozialdemokratische Zukunftsvision von Staat und Gesellschaft ist. Wir müssen uns jetzt auf das Wesentliche konzentrieren. So einfach ist das, so schwer fällt das.

Wer Visionen hat, sollte zu uns kommen – eine mutige „Zukunftskampagne" als Chance für die SPD

Politik kann gestalten und muss es auch, um nicht überflüssig zu werden. Die eigentliche Frage aber, was die Zukunft bringen wird, ist immer offen. Dementsprechend müssen wir klären, wo wir politisch hinwollen. Globale (Mega-)Trends sind von allen politischen Gruppen bislang zu wenig beleuchtet und bisher gegebene Antworten darauf schon gar nicht zu einer Idee zusammengebunden worden. Eine progressive, linke Kraft wird diese Fragen im Zuge von Globalisierung und digitalem Wandel deshalb klären müssen. Gerade hier liegt die große Chance der SPD in NRW: Wir starten eine Zukunftskampagne. Die Mitte-Rechts-Regierung von Ministerpräsident Laschet attestiert sich mit dem Slogan „Maß und Mitte" ihre eigene Inhaltsleere und Beliebigkeit. Wir setzen dem klare Vorstellungen von Staat und Gesellschaft entgegen.

Die Ansatzpunkte sind zahlreich: Welcher Funktion dient der internationale Handel und ist er durch internationale Abkommen zu regulieren? Wie verhält es sich mit der Organisation von Arbeit, mit den sozialen Sicherungssystemen angesichts globaler Märkte, angesichts neuer Dienstleistungen und deregulierter Finanzmärkte? Wie schafft man es, dass „Digitalisierung" kein technisches Buzzword bleibt, sondern dass die vielen kleinen Veränderungsprozesse, die bereits heute als alltäglich aufgenommen werden, begreifbar werden, z.B. bei neuen Fragen von Arbeit und Teilhabe? Dass sie nicht nur technische Innovation ist, sondern ein Umwälzen der Verhältnisse bedeutet, wie wir leben, arbeiten und nicht mehr arbeiten? Und wenn die Digitalisierung die Verteilung von Arbeit angesichts neuer, anderer Arbeitsverhältnisse neu aufwirft, so ist der Blick in Nachbarländer ebenso wie zu Gewerkschaften erlaubt, oder besser: geradezu zwingend. Warum wirft die IG Metall die Frage einer 28-Stunden Woche auf? Denn: Zeit ist Souveränität und Daten sind Rechte. Und wie wird aus diesem digitalen Wandel sozialer Fortschritt?

Demnächst sind deutlich weniger Menschen deutlich produktiver – und zwar bei einem stetig steigenden Bruttoinlandsprodukt. Wie wird die Rendite eigentlich verteilt? Und wie werden dann die sozialen Sicherungssysteme gesichert? Ähnliche Fragen stellen sich, wenn es darum geht, die Arbeit auf die arbeitenden Menschen zu verteilen oder ihnen den Zugang zur digitalen Teilhabe zu ermöglichen. Auch die Frage der Weiterbildung stellt sich völlig neu.

Dies sind nur einige offene Fragen. Wir wollen zentrale gesellschaftliche Debatten aufgreifen, uns in einen spannenden Diskurs auch mit der Öffentlichkeit begeben und uns deutlich positionieren. Profilschärfung heißt das Stichwort. Trends wollen wir wiederentdecken, gestalten, neu bestimmen, in einem stärkeren internationalen Austausch als zuletzt.

Dies gelingt uns, indem wir den parallellaufenden Prozessen innerhalb der SPD, von Bundespartei über Landespartei bis Landtagsfraktion, eine klare Richtung geben und sie zu einer „Zukunftskampagne" zusammenführen: ein Land, eine Debatte, fünf Leitthemen und neun Handlungsfelder. Die Leitthemen sind Internationales/Friedenssicherung mit einem Fokus auf die Zukunft Europas, eine Sozialstaatsdebatte unter dem Motto „Sicher selbstbestimmt Leben", eine Debatte „Neue Chancen im digitalen Wandel" um die humane Arbeitsgesellschaft, die politische Ökonomie im Sinne „digitalen Fortschritt nutzen" und nicht zuletzt die Debatte über den handlungsfähigen Staat und die offene Gesellschaft unter der Überschrift „Kraft des Zusammenhalts". Unsere Versprechen zu den fünf Leitthemen: Frieden, Sicherheit, Aufstieg, Wohlstand und Lebensqualität. Ausrufezeichen. Am Ende des Prozesses muss eine neue Vision für unser Land stehen und ein schlüssiges Konzept, in dem sich möglichst viele wiederfinden, das über die Zusammenfassung von Einzelmaßnahmen und -interessen hinausreicht. Wir machen die NRWSPD zu *der* NRW-Partei. Dieser Prozess darf keine Selbstbeschäftigung hinter verschlossenen Türen sein. Wir machen die Debatte zur Kampagne selbst – innerhalb und außerhalb der Partei. Der Weg ist schon Teil des Ziels, indem wir die Menschen mitnehmen statt ihnen etwas vorzusetzen; auch wenn es uns nicht immer schmeckt.

An dieser Stelle können nicht alle Leitthemen einzeln ausgebreitet und besprochen werden. Diese Aufgabe ist von uns auch erst noch zu leisten. Einige Beispiele sollen deshalb genügen, etwa zum Thema „Neue Chancen im digitalen Wandel". Den gleichen und gerechten Zugang zur Arbeit zu sichern, bleibt Kernaufgabe moderner Sozialdemokratie. Arbeit steht im Mittelpunkt des selbstbestimmten Lebens. Doch wenn gesellschaftliche und technologische Umbrüche stattfinden, sind Fragen von Qualifizierung und Verteilung der Arbeit gerade nicht „individuelles Schicksal", sondern zentrale Fragen der Gesellschaft und müssen politisch reguliert werden. Hier werden wir über die Verteilung von Arbeit in einer digitalen, produktiveren Gesellschaft streiten. Wir werden die individuelle und digitale Souveränität des einzelnen Arbeitnehmers stärken müssen, indem wir Regeln fortentwickeln und die Pflichten der Unternehmen gegenüber dem Einzelnen neu bestimmen. Die vorhandenen sozialen Sicherungssysteme müssen von der Versicherung der Arbeitslosigkeit zur **Versicherung für Arbeit und zur Finanzierung der individuellen Qualifizierung** als Grundversprechen des starken solidarischen Sozialstaats fortentwickelt werden.

Die SPD findet hier ein lohnendes Feld. Die SPD darf diese Chance, ein neues Profil zu gewinnen nicht verpassen, indem sie alle großen Fragen mit der Debatte „Hartz IV – ja oder nein" überlagert. Die Frage des Leistungsbezugs ist neu zu fassen, um über Schönheitsreparaturen hinauszukommen und gleichzeitig nicht in einem achselzuckenden „Hauptsache weg" stecken zu bleiben. Eine Kopplung an die Dauer der Beschäftigung, wie sie jüngst Andrea Nahles benannte, bietet sich an. Denn sonst entsteht das Gefühl der Ungerechtigkeit des einzelnen Beschäftigten, der von Arbeitslosigkeit bedroht ist, weil er möglicherweise das gleiche bekommt wie derjenige, der gar nicht gearbeitet hat.

Jede Veränderung muss an diesem Punkt ansetzen. Angesichts von fast 45 Millionen Beschäftigten in Deutschland steht im Mittelpunkt allerdings nicht die Frage: „Wie lange erhalte ich Leistungsbezug ALG I? Oder: Wie hoch ist der Regelsatz beim ALG II – was nicht sagen soll, dass diese Fragen für den Einzelnen nicht doch immense Bedeutung haben. Unsere politische Hauptfrage jedoch ist vielmehr: Wie verhindere ich überhaupt den Leistungsbezug? Wie verhält es sich mit der gerechten Verteilung von Chancen angesichts von Vollbeschäftigung in bestimmten Branchen und Fachkräftemangel? Der 48-jährige Facharbeiter wird schnell eine Anschlussbeschäftigung finden. Was aber ist mit den geringer Qualifizierten und wie verhält es sich in Berufszweigen, die von der digitalisierten Arbeitswelt besonders betroffen sind?[5] Hieraus ergibt sich aber auch eines: Das Gefühl (und Erleben) des Einzelnen, der im Leistungsbezug jemanden gleich gestellt würde, der nicht gearbeitet hat, darf eben nicht dazu führen, dass der Mensch, der nie in den Arbeitsmarkt integriert wurde, eben pauschal „selbst schuld" und seine Arbeitslosigkeit dann doch wieder individuelles Schicksal ist – insbesondere dann, wenn wir die arbeitenden Menschen von ihren Sorgen um die Sicherung des erreichten und erarbeiteten Vermögens und der Altersvorsorge befreien wollen. Die Heterogenität des Landes NRW und seiner sehr unterschiedlichen Verteilung von Arbeitslosigkeit (bis hin zur Vollbeschäftigung) können als wiederkehrende Erinnerung diesen Trugschluss verhindern.

Es zeigt sich zugleich, dass die oben umrissenen Leitthemen nicht getrennt voneinander zu entwickeln sind.

Die Debatte zum Leitthema „Neue Chancen im digitalen Fortschritt" gibt der NRWSPD durch die Verbindung der Handlungsfelder Arbeit und Bildung auch die Chance, eine sozialdemokratische Vision des freien Menschen neu zu definieren. Bildung sehen wir eben nicht aus rein ökonomischer Sicht, sondern zur Eröffnung neuer Chancen. Sie dient der Befähigung an gerechter Teilhabe an der Gesellschaft – einerseits als politischer und mündiger Mensch, andererseits zur Verwirklichung persönlicher Wünsche und Hoffnungen eines selbstbestimmten Lebens. Die Form, was und wie gelernt wird, ändert sich ebenso. Ein gegliedertes Schulsystem der 60er Jahre wird kaum die Antwort sein können.

Zeit für einen neuen Gesellschaftsvertrag – mehr „Wir", weniger „Die"

Bei all diesen konkreten Herausforderungen ist es die Kunst einer erfolgreichen Sozialdemokratie, das Voranbringende mit dem Verbindenden zu verknüpfen. Fortschritt für alle eben. Eine erfolgreiche SPD stärkt das „Wir", ohne dabei ein „Die" entstehen zu lassen, wie es die eingangs verworfene reine Identitätspolitik praktiziert.

Denn erst aus der gemeinsamen Verbundenheit erwächst Solidarität. Wir wollen ein Land, in dem Wohlstand und Zukunftschancen gerecht verteilt sind. Ein Land, in dem Bürgerinnen und Bürger gemeinsam nach demokratischen Regeln entscheiden – und nicht bloß Gier und Eigennutz. Dieses „Wir" umfasst für uns zunächst einmal alle, denen eine gerechte solidarische und freie Gesellschaft am Herzen liegt. Und das sind nach wie vor sehr, sehr viele Menschen, ganz unabhängig von Geschlecht, Alter, sexueller Identität oder Herkunft. Wir müssen aus den Gruppen wieder ein „Wir" machen.

Ich habe in diesem Essay die Schritte dafür vorgeschlagen: Lasst uns das sozialdemokratische Verständnis der Gesellschaft entlang unserer Grundwerte klären. Daraus ergeben sich Rechte und Pflichten für alle – solidarisch, gerecht und selbstbestimmt – und damit sozialdemokratische Antworten für die Rolle des Staates. Nach meiner Auffassung können wir einen positiven Streit für unsere demokratische Gesellschaft führen, indem wir offensiv die Frage eines neuen Gesellschaftsvertrags klären.

Wir Demokratinnen und Demokraten müssen die Bedrohung unseres Zusammenlebens und unserer demokratischen wie gesellschaftlichen Errungenschaften von Rechts ernst nehmen. Doch wir dürfen nicht ängstlich sein, sondern mutig und vor allem „für" etwas. Die Sozialdemokratie ist die „Versicherung der Republik". Im Jahr 2018 – fast 30 Jahre nach der friedlichen Revolution in Deutschland 1989 – können wir die neue Standortdebatte klären: In welcher guten Gesellschaft und nach welchen Regeln wollen wir leben? Woher – wenn nicht aus NRW – kann der Impuls kommen?

Welche Funktion und Aufgabe hat der Staat mit welcher Zielrichtung im Interesse der Gesellschaft zu erfüllen? Welche Handlungsfähigkeit des Staates setzt dies voraus? Wie erlangt er seine volle soziale und demokratische Handlungsfähigkeit zurück?

Das Ziel ist heute schon klar umrissen: Wir wollen den starken, solidarischen Sozialstaat, der es mit den egoistischen Auswüchsen des Kapitalismus aufnehmen kann, und keinen schwachen, neoliberalen und kaputtgesparten Zwergstaat: mit einer verlässlichen, zweifelsfreien sozialen Sicherheit für alle, die sich an die Regeln halten, damit Not nicht zum Ende individueller Träume führt; einen proaktiven Staat, der eingreift, bevor das Kind in den Brunnen gefallen ist; Arbeit versichern statt Arbeitslosigkeit, die Städte proaktiv entwickeln, den sozialen Frieden nach Innen und Außen und das sozialdemokratische Aufstiegsversprechen umsetzen.

Die anstehende „Zukunftskampagne" der NRWSPD wird uns das Ziel der Profilschärfung immer wieder neu vor Augen führen. Es geht nicht um die Summe einzelner Maßnahmen. Politik ist mehr als die tagesaktuelle Definition von gerade jetzt spontan notwendigen Handlungen. Politik streitet über die Ziele der Politikkonzepte, über die Grundlagen des Miteinanders und wird so erst unterscheidbar, vor allem für Wählerinnen und Wähler. Unser Hauptgegner ist und bleibt die CDU, wenn wir uns nicht selbst zum natürlichen kleinen Koalitionspartner degradieren wollen. Im Rahmen der „Zukunftskampagne" werden wir eine schlüssige Idee entwerfen. Die vielen Ansätze sind da – sie sind zusammenzubinden. Mit der Diskussion eines optimistischen Zukunftsbildes von Staat und Gesellschaft können wir erfolgreich arbeiten. Ziel unserer Politik soll sein, die Zukunftsfragen mutig und ehrlich zu beantworten. Auf nach vorne.

P.S.: Nicht Applaus erwarten – besser machen!

Wenn wir glauben, dass uns alle nur für Politikkonzepte, und seien sie noch so gut, sofort ihr Vertrauen schenken und die Türe einrennen, dann irren wir uns gewaltig. Diese Erfahrung habe ich vor einigen Wochen auf Twitter gemacht, als ich schrieb: „Die linke Sammlungsbewegung in Deutschland ist seit 1863 die SPD. Wer mitmachen möchte, kann eintreten."

Das hat nicht allen gefallen. Neben 392 „Likes" gab es 282 Kommentare von Leuten, die das irgendwie anders sahen. Von „Hartz-IV" über „Wer hat uns verraten..." reichte das Spektrum der Ablehnung. Sehen wir es nicht despektierlich: Wir haben in der Bevölkerung an Glaubwürdigkeit verloren. Das müssen wir uns eingestehen und die Dinge besser machen. Aber Selbstbeschäftigung und Depression kann eben keine Antwort sein – erst recht nicht die Hoffnung auf eine notarielle Bestätigung durch den politischen Gegner, dass von nun an die SPD die bessere Alternative oder in der einen oder anderen Form geläutert sei. Das ist kaum zu erwarten.

So ist auch klar: Nur wenn wir auf die Fragen der Zeit die richtigen Antworten geben, über den (Wahl-)Tag hinausdenken und unsere Politik tatsächlich auch umsetzen, gewinnen wir das Vertrauen wieder zurück. Das geht nicht im Sprint, sondern nur über die Langstrecke. Auf geht's!

Anmerkungen

1   Lilla, Mark (2017): Die Linke hat sich selbst zerstört. Gastkommentar für die NZZ, 17.08.2017. Auf: https://www.nzz.ch/feuilleton/identitaetspolitik-die-linke-hat-sich-selbst-zerstoert-ld.1311079, zuletzt: 09.07.2020.

2   Thomas Piketty, zitiert nach Krämer, Hagen (2014): Thomas Piketty und die wachsende Ungleichheit im Kapitalismus, S. 3. Auf: http://library.fes.de/pdf-files/wiso/11070.pdf, zuletzt: 09.07.2020.

3   Vgl. die Darstellung der Grundwerte durch die Grundwertekommission beim SPD-Parteivorstand, auf: https://grundwertekommission.spd.de/grundwerte/, zuletzt: 09.07.2020.

4   Warum wohl versucht die neoliberale Organisation „Neue Initiative Soziale Marktwirtschaft" beispielsweise sich diesen Begriff der „sozialen Marktwirtschaft" in der Deutungshoheit zu sichern?

5   Vgl. insbesondere: Bundesministerium für Arbeit und Soziales: Weißbuch Arbeiten 4.0. Arbeit weiter denken, auf: http://issuu.com/support.bmaspublicispixelpark.de/docs/161121_wei__buch_final?e=26749784/43070404, zuletzt: 09.07.2020.

„Wir Sozialdemokratinnen und Sozialdemokraten haben die Pflicht, den Mut und die Verantwortung, in Phasen des Umbruchs die richtigen Antworten zu finden. Die gesellschaftlichen Herausforderungen anzunehmen, ist eine der zentralen Gründungsideen der SPD. Sie gilt heute wie vor 155 Jahren!"

September 2017: Die SPD stürzt bundesweit auf 20 %, zuvor im Mai 2017 verliert sie die Regierungsmehrheit in NRW mit 33 %. Herbst 2018: Nach den unhaltbaren Äußerungen und der Beinahe-Beförderung des ehemaligen Verfassungsschutzpräsidenten Maaßen zum Staatssekretär im Innenministerium, der breiten öffentlichen Empörung darüber und den Unstimmigkeiten innerhalb der Koalition in dieser Frage musste der Blick wieder weg von der permanenten Krisenkommunikation und Selbstbeschäftigung auf die für die Sozialdemokratie relevanten Fragen gerichtet werden. Als Kreisverbandsvorsitzender der SPD Rhein-Sieg gab ich dazu einen Diskussionsanstoß. In meiner Rede auf dem Kreisparteitag am 6. Oktober 2018 definierte ich die zentralen Leitdebatten der SPD und gab konkrete Antworten. Es ging darum, die SPD wieder zu einem Ort relevanter und spannender gesellschaftlicher Debatten zu machen, die über das politische Tagesgeschäft hinaus Wirkung entfalten.

Sozialdemokratische Antworten im Umbruch

Rede auf dem Kreisparteitag der SPD Rhein-Sieg in Siegburg, 6. Oktober 2018

Liebe Genossinnen und Genossen,

Es gibt nichts zu beschönigen: Die jüngsten Ereignisse – wie die Causa Maaßen, der Dieselskandal und die Machtspielchen von Horst Seehofer – haben unserer politischen Kultur geschadet. Die Krisengipfelpolitik der vergangenen Jahre hat viele in unserer Partei mutlos gemacht. Aber, liebe Genossinnen und Genossen: Das „Wir gegen uns" hilft uns nicht weiter. Wir Sozialdemokratinnen und Sozialdemokraten haben die Pflicht, den Mut und die Verantwortung, in Phasen des Umbruchs die richtigen Antworten zu finden. Die gesellschaftlichen Herausforderungen anzunehmen, ist eine der zentralen Gründungsideen der SPD. Sie gilt heute wie vor 155 Jahren!

Und nicht nur die Bürgerinnen und Bürger erwarten zu Recht, dass die Politik (und damit wir als SPD) den drängenden Problemen wie Wohnungsnot, Kitaplatzmangel, Altersarmut oder Pflegenotstand konkrete Lösungen entgegensetzen.

Wir müssen die großen Leitthemen der Zukunft konsequent in unserer Partei und mit unseren Bündnispartnern diskutieren und Antworten auf die Fragen geben, die sich stellen.

Was sind nun diese Leitthemen?

- Zukunft der Arbeit
- Aufstiegschancen für Jeden
- Soziale Sicherheit
- und die solidarische Gesellschaft

Was heißt das konkret?

Ich fange mit der sozialen Sicherheit an: Es geht um unsere Vorstellung von einem starken solidarischen Sozialstaat. Ein solidarischer Sozialstaat, der bedingungslos soziale Sicherheit garantiert: für die Kinder, die noch viel zu oft in Armut leben, für die Rentner, die sich sorgen, für die Menschen, deren Job verlorengegangen ist. Arbeitslosigkeit ist für uns doch kein individuelles Schicksal. Arbeitslosigkeit ist eine soziale Verantwortung der gesamten Gesellschaft.

Und ich denke da auch an die 45 Millionen Beschäftigten. Wie verhindern wir überhaupt das Abrutschen in die Arbeitslosigkeit? Den gleichen und gerechten Zugang zur Arbeit zu sichern, bleibt Kernaufgabe moderner Sozialdemokratie. Arbeit steht im Mittelpunkt des selbstbestimmten Lebens. Doch wenn gesellschaftliche und technologische Umbrüche stattfinden, sind Fragen von Qualifizierung und Verteilung der Arbeit gerade nicht „individuelles Schicksal", sondern zentrale Fragen der Gesellschaft und müssen politisch reguliert werden. Hier werden wir über die Verteilung von Arbeit in einer digitalen, produktiveren Gesellschaft streiten.

Wir werden die individuelle und digitale Souveränität des einzelnen Arbeitnehmers stärken müssen, indem wir Regeln fortentwickeln und die Rechte der Unternehmen gegenüber dem

Einzelnen, ob solo-selbstständig oder abhängig beschäftigt, neu bestimmen. Die vorhandenen sozialen Sicherungssysteme müssen von der Versicherung der Arbeitslosigkeit zur Versicherung für Arbeit und zur Finanzierung entwickelt werden.

Individuelle Qualifizierung muss zum Grundversprechen des starken, solidarischen Sozialstaats werden. Und schon sind wir mittendrin in der Zukunft der Arbeit.

Oder ich denke an das Thema Wohnen: Denn sehen wir uns doch die Situation heute an. Das Versprechen, dass der, der hart arbeitet, sich irgendwann einmal eine kleine Wohnung oder gar ein Eigenheim leisten kann, gilt nicht mehr.

Polizistinnen, Pfleger oder Krankenschwestern können sich Köln und Bonn nicht mehr leisten. Und das Problem betrifft nicht nur Köln und Bonn, sondern jetzt auch schon Bad Honnef, Niederkassel und Siegburg.

Im Rhein-Sieg-Kreis begegne ich dem Problem tagtäglich. Die Rentnerin aus Niederkassel, für die nach dem Tod ihres Mannes – einem Chemiearbeiter der Evonik – ihre alte Wohnung zu groß geworden ist und die keine bezahlbare und barrierefreie Wohnung findet, ist nur ein trauriges Beispiel.

Und was macht diese schwarz-gelbe Landesregierung? Die tritt den Mieterschutz mit Füßen und verschärft die Situation damit zusätzlich. Wenn bis 2021 gleich vier Mieterschutzverordnungen außer Kraft treten, ist das ein Armutszeugnis und sozialer Sprengstoff. Schwarz-Gelb nennt das großspurig auch noch „Entfesselung des Wohnungsmarkts". Das ist keine

Entfesselung, das ist ein Brandbeschleuniger für die Spaltung unserer Gesellschaft!

Weiter weg von den Bedürfnissen der Menschen in diesem Lande kann man gar nicht regieren. Das Mantra „Privat vor Staat" oder der Glaube in den Markt, „der das schon regelt", wird weiter wie ein natürliches Gesetz vor sich hergetragen. Die Wahrheit ist aber: Der Markt allein regelt gar nichts. Wir Sozialdemokratinnen und Sozialdemokraten wissen besser als alle anderen: Der Markt braucht Regeln, er braucht einen Rahmen. Zur Wahrheit gehört auch: Die Verschärfung der Mietpreisbremse im Bund ist notwendig, aber reicht nicht.

Die NRWSPD hat sich auf den Weg gemacht und im September eine wohnungspolitische Kommission gegründet. Von der Bodenpolitik, über die landeseigene Wohnungsbaugesellschaft bis hin zu den fehlenden Planungskapazitäten: Gemeinsam mit der Partei und externen Expertinnen und Experten werden wir das Thema bearbeiten und Lösungen präsentieren, die organisatorisch und finanziell umsetzbar sind. Sie werden am Ende dabei helfen, bezahlbaren Wohnraum und damit ein Zuhause für Alle zu schaffen. Das ist unsere Verpflichtung als Sozialdemokratie.

Bei meiner Kandidatur zum Landesvorsitzenden habe ich gesagt, dass wir unsere Leitdebatten gemeinsam im Gegenstrom-Prinzip entwickeln wollen. Das heißt, dass zukünftig die inhaltliche Positionierung sowohl auf Landesebene als auch im Ortsverein oder im Unterbezirk begonnen und dann zu einer gemeinsamen Position zusammengeführt wird. Wir wollen so spannende Ideen entwickeln und entstehende Probleme vor Ort direkt und frühzeitig aufgreifen.

Die SPD Rhein-Sieg geht beispielhaft voran. Mit unseren heutigen Debatten und Anträgen in den Themenfeldern „Arbeit und Rente", „Vermögen und Steuern", „Europa und Internationales" ist die SPD Rhein-Sieg stark aufgestellt und ein Paradebeispiel für die lebhafte und diskussionsfreudige SPD.

(...)

Glück auf!

*„Wir sind davon überzeugt, dass industrielle Produktion und Wert-
schöpfung in NRW – auf umweltfreundlicher Energieerzeugung basierend – auch zukünftig sichergestellt werden können und müssen.
Um die gesellschaftliche Akzeptanz für eine gelingende Energiewende
dauerhaft hochzuhalten, muss unsere sozialdemokratische Energiepolitik dabei drei Leitgedanken folgen: Die Energiewende muss sicher,
verlässlich und bezahlbar sein – sowohl für die Bürgerinnen und Bürger
als auch für die energieintensiven, heimischen Unternehmen."*

Die Ereignisse im Hambacher Forst 2018 sind Höhepunkt und Ausdruck
des katastrophalen Umgangs der nordrhein-westfälischen Landesregierung unter CDU und FDP mit dem massiven Strukturwandel im
Rheinischen Braunkohlerevier. Selten standen sich Bürgerinnen und
Bürger sowie weitere Akteure in Nordrhein-Westfalen so unversöhn-
lich gegenüber. Die Landesregierung heizte die gesellschaftliche Stim-
mung an und betrieb Spaltung statt Vermittlung. Ich bin der festen
Überzeugung, dass derartige Prozesse aktiv und in engem Austausch
mit allen Betroffenen gestaltet werden können und müssen. Nordrhein-Westfalen ist ein starkes Land, wenn wir fest zusammenhalten. Der Konflikt hat doch vor allem eines gezeigt: Es ist die Sozialdemokratie, die den gesellschaftlichen Zusammenhalt organisieren
kann und muss. In der Parteizeitung der SPD, dem *Vorwärts*, habe ich
unserer notwendigen und konsequenten Haltung zum Strukturwan-
delprozess im Rheinischen Revier Nachdruck verliehen. Dieser tief-
greifende Wandel braucht Nachhaltigkeit, Beschäftigung, Innovation
und er braucht Verlässlichkeit für die Menschen in der Region.

Der Hambacher Forst darf nicht zum nordrhein-westfälischen Wackersdorf werden

Gastbeitrag für den Vorwärts,
veröffentlicht am 9. Oktober 2018

Die Haltung entscheidet.

Mit seinem Handeln zum Hambacher Forst stellt der nordrhein-westfälische Ministerpräsident Armin Laschet eine Grundidee des Bundeslandes in Frage: Die Idee, dass Wandel nicht einfach geschieht, sondern aktiv gestaltet wird – im Einklang mit den Interessen der Bürgerinnen und Bürger.

Die NRWSPD stand und steht dafür, weitreichende Strukturwandelprozesse in Nordrhein-Westfalen ohne gesellschaftliche Spaltung zu organisieren. Die rot-grüne Landesregierung unter Hannelore Kraft hat einen gesellschaftlichen Konsens darüber hergestellt, dass die Braunkohleverstromung in Nordrhein-Westfalen absehbar enden wird. Bereits 2016 gelang es, in einem schwierigen Abwägungsprozess eine weitreichende Leitentscheidung zu treffen. Bestehende Genehmigungen wurden aufgehoben und die Tagebaue im Rheinischen Revier verkleinert. Es war das erste Mal, dass deutlich gemacht wurde: Die Zeit der Verstromung der Braunkohle endet – mit dem Willen und durch das Handeln der Sozialdemokratie.

Strukturwandel mit Sensibilität

Es waren Ministerpräsidenten wie Johannes Rau, die den Strukturwandel in der Schwerindustrie beherzt und mit der notwendigen Sensibilität für die Belange der Beschäftigten und Unternehmen angepackt und ohne Strukturbrüche organisiert haben. Und es war die erste rot-grüne Bundesregierung unter Gerhard Schröder, die den deutschlandweiten Ausstieg aus der Atomkraft beschlossen hat. Willy Brandt sprach vom blauen Himmel über der Ruhr und markierte damit den Beginn praktischer Umweltpolitik.

Die nordrhein-westfälische SPD bekannte sich früh zu den international vereinbarten Klimazielen und machte sie zur Grundlage ihrer Politik. Wir sind davon überzeugt, dass industrielle Produktion und Wertschöpfung in NRW – auf umweltfreundlicher Energieerzeugung basierend – auch zukünftig sichergestellt werden können und müssen. Um die gesellschaftliche Akzeptanz für eine gelingende Energiewende dauerhaft hochzuhalten, muss unsere sozialdemokratische Energiepolitik dabei drei Leitgedanken folgen: Die Energiewende muss sicher, verlässlich und bezahlbar sein – sowohl für die Bürgerinnen und Bürger als auch für die energieintensiven, heimischen Unternehmen.

Sie muss sauber und nachhaltig sein – das sind wir den nachfolgenden Generationen schuldig. Und sie muss auf der Basis des größtmöglichen gesellschaftlichen Konsenses erarbeitet und umgesetzt werden.

Armin Laschet spaltet die Gesellschaft

Dieser gesamtgesellschaftliche Konsens ist durch das unverantwortliche Handeln des NRW-Ministerpräsidenten schwer beschädigt worden. Mit Hilfe von juristischen Tricksereien setzte Armin Laschet – und nicht nur sein Innenminister – lieber auf einen massiven Polizeieinsatz gegen die mehrheitlich friedlichen Demonstranten am Hambacher Forst, anstatt selbst vermittelnd einzugreifen. Das nun absehbare Desaster für die schwarz-gelbe Landesregierung stellt eine Grundidee des Landes Nordrhein-Westfalen in Frage: Die Idee, dass wir Wandel nicht einfach geschehen lassen, sondern ihn aktiv gestalten – im Einklang mit den Interessen der Bürgerinnen und Bürger, der Arbeitnehmerinnen und Arbeitnehmer, der Wirtschaft und der Bewahrung unserer natürlichen Lebensgrundlagen.

Armin Laschet hat das Amt des Ministerpräsidenten von NRW in seiner Bedeutung nicht verstanden. Dass er sich jetzt auch noch als großer Versöhner aufspielen will, ist eine Farce. Armin Laschet spaltet unsere Gesellschaft. Umweltschützer, die Beschäftigten der Tagebaue und Bewohner der Region stehen unversöhnlicher denn je gegeneinander. Der Hambacher Forst ist auf dem besten Weg, zum nordrhein-westfälischen Wackersdorf zu werden.

Die nordrhein-westfälische SPD hat intensiv für die Strukturwandelkommission geworben. Sie bietet die einmalige historische Chance, den Prozess des Strukturwandels im Rheinischen Revier ohne Strukturbrüche, Arbeitslosigkeit oder Lücken bei der Energieversorgung herzustellen. Wir wollen, dass die Beschäftigten des Tagebaus, Umweltaktivisten und die Bürgerinnen und Bürger der Region in Zukunft versöhnt miteinander leben können. Das Ziel muss es sein, dreierlei zu schaffen: die abschließenden Schritte einer CO2-armen Energieerzeugung festzulegen, einen neuen gesellschaftlichen Konsens zu erreichen sowie zugleich industrielle Wertschöpfung und gut bezahlte Arbeit im Land zu halten. Armin Laschet und die NRW Landesregierung müssen jetzt handeln – bevor es zu spät ist.

„Im Mittelpunkt muss stehen, dass in einer veränderten Welt das Versprechen von Solidarität im Sozialstaat neu gedacht wird. Der Arbeitssuchende ist nicht Bittsteller, sondern ein Mensch mit dem Willen zum selbstbestimmten, freien Leben – und muss auch so behandelt werden."

Hartz IV: Ja oder Nein? Lange Zeit beschäftigte diese Frage die SPD-Gemüter. Doch das reine Für und Wider konnte nicht klären, was Hartz IV folgen sollte. Hier mangelte es an Ideen und Festlegungen. Im Herbst 2018 entschied ich mich, Position zu beziehen für eine grundlegende Reform der deutschen Sozial- und Arbeitsmarktpolitik. In einem Gastbeitrag für den Blog der Republik lieferte ich erste Ideen für die beginnende Debatte. Im Februar 2019 legte dann auch die Gesamtpartei ein umfassendes Konzept für einen neuen Sozialstaat vor – ein wichtiger Zwischenschritt auf dem Weg, Hartz IV endgültig hinter uns zu lassen und Menschen mehr soziale Sicherheit zu bieten.

Nach Hartz IV –
Abstiegsangst abschaffen!

Gastbeitrag für den Blog der Republik,
veröffentlicht am 11. Oktober 2018

„Hartz 4 ist der größte Scheiß." Mit diesem Zitat einer 17-jährigen ALG II Bezieherin begründete ein Vertreter der SPD-Jugendorganisation Jusos auf dem letzten SPD-Kreisparteitag in meinem Wahlkreis einen Antrag. Was er als ungerecht empfand: Im Zuge der sogenannten Hartz-Reformen wurde folgendes geregelt: Beziehen Eltern Arbeitslosengeld II und verdient ihr Kind sich neben dem Taschengeld selbst etwas dazu, wird dieser „Hinzuverdienst" mit dem Arbeitslosengeld verrechnet. Im Antrag wurde die Abschaffung dieser Regelung gefordert. Die Reaktion eines in Ämtern und Mandaten gestählten Genossen kam sogleich: Die Aussage sei inakzeptabel, da es auch große Vorteile der Reform gäbe und wesentliche Verschlechterungen erst durch die im Bundesrat blockierende Union hineinverhandelt wurden. Der Juso-Antrag wurde später nahezu einstimmig beschlossen.

Die nicht enden wollende Debatte um Hartz IV zeigt einmal mehr: Die SPD ist gefordert, neue Ideen eines sozialdemokratischen Sozialstaats im 21. Jahrhundert zu vereinbaren. Dies muss deutlich weitergehen, als eine reine Rückschau auf die Agenda-Entscheidungen des Jahres 2003 oder einen Bruch mit bestimmten Hartz-Regelungen.

Wir alle wissen: Hartz IV ist zum Symbol geworden. Die

dahinterstehenden Systematiken und (Fehl-)annahmen verstärken die Zukunftsängste vieler Bürgerinnen und Bürger und sind Auslöser für Abstiegsangst. „Hoffentlich geht es meinen Kindern mal besser" wurde abgelöst durch „Hoffentlich wird es meinen Kindern nicht schlechter gehen."

Wir brauchen neuen starken, solidarischen Sozialstaat, der diese Abstiegsangst konsequent bekämpft. An den Anfang gehören drei grundsätzliche Gedanken, die ganz neue Antworten benötigen. Daraus ableitend sind Grundannahmen zu formulieren:

Erstens: Es ist eine Fehlannahme, dass Arbeitslosigkeit ein individuelles Problem ist. Gerade wir in Nordrhein-Westfalen wissen, dass sich Arbeit und Arbeitsplätze im Prozess eines immerwährenden Strukturwandels permanent verändern. Zudem ist Arbeitslosigkeit zunehmend regional ungleich verteilt. Damit sind auch die Chancen auf einen Einstieg in ein dauerhaftes und erfüllendes Erwerbsleben höchst ungleich verteilt. Das sind ganz konkrete Erfahrungen von Menschen, deren Arbeitsplätze in insolventen Drogerieketten wegfielen oder wegrationalisiert wurden, weil die selbstscannende Kasse im Supermarkt betriebswirtschaftlich günstiger ist. Und in der Produktion schauen die Mitarbeiterinnen und Mitarbeiter mit besorgtem Blick auf den Kollegen Roboter, der in immer kürzerer Zeit immer mehr leistet und keine Pausen zur Erholung braucht.

Unternehmensfusionen, die Verlegung von Werken oder – durch Managementversagen ausgelöste – Unternehmenspleiten können ebenso wie Krankheiten zu einer kürzeren oder lang andauernden Arbeitslosigkeit führen. Ein Leitgedanke der nordrhein-westfälischen Sozialdemokratie lautet: „Bei uns fällt niemand ins Bergfreie." Dieses einfache Versprechen muss das Fundament des neuen, starken und solidarischen Sozialstaats werden. Wir sind davon überzeugt: Die Verhinderung von Arbeitslosigkeit ist eine gesamtgesellschaftliche Aufgabe. *Grundannahme eins*: Arbeitslosigkeit ist in der Regel ein strukturelles Problem und in der Ausnahme ein persönliches Verschulden. Dies muss leitend in der Ausgestaltung neuer, verlässlicher sozialer Sicherheit sein.

Zweitens: Wir haben das Versprechen von „Aufstieg durch Bildung" gegeben. Dieses Versprechen erfüllt sich aber immer öfter nicht mehr. Die zunehmend ungleiche Verteilung von Einkommen und Vermögen entfaltet umso mehr seine gesellschaftliche Sprengkraft, wenn sich selbst größte Mühen und Anstrengungen von Menschen nicht mehr bezahlt machen.

„Wer sich bemüht, wird seinen Weg schon machen" – wenn das nicht mehr gilt, ist das ein weiterer Hauptgrund für Zukunftsängste in der Bevölkerung und ein weit verbreitetes Ungerechtigkeitsempfinden. Diese Frage ist nicht allein am Arbeitsmarkt zu lösen. Hieraus folgt die *zweite Grundannahme*: Wir Sozialdemokraten wollen den guten und „gebührenfreien" Start in ein gelingendes Leben garantieren, von der KiTa bis zum Studium und oder der Berufsausbildung. Lasst uns das konsequent fortführen im Hinblick auf die passende Weiterbildung und Qualifizierung in jeder Lebenslage. Das ist die beste Versicherung gegen Arbeitslosigkeit.

Dennoch ist es mit einem ausreichend finanzierten Bildungs- und Qualifizierungssektor nicht getan, wenn das Versprechen des „Aufstiegs durch Bildung" erneuert und neue Grundlage des starken, solidarischen Sozialstaats werden soll. Wir müssen uns endlich trauen, zentrale verteilungspolitische Fragen nicht nur zu stellen, sondern zu beantworten. Der Staat muss die zunehmende Ungleichheit aktiv bekämpfen – beispielsweise durch ein gerechteres Steuersystem, das gleichzeitig für auskömmliche Staatseinnahmen sorgt. Die *Grundannahme drei* ist Folge der oben skizzierten Beobachtung: Wir brauchen die Wiederbelebung eines *Leistungsgedankens*, der sich an *Arbeit, ihrem Schutz und fairen Löhnen* orientiert und nicht einseitig am steuerlichen Schutz zunehmend ungleich verteilter Einkommen und Vermögen.

Legen wir diese neuen Annahmen einer grundlegenden Sozialstaatreform zugrunde, müssen zumindest fünf Bereiche konkret angegangen werden.

Erstens und systemisch. Der deutsche Sozialstaat braucht eine neue Herangehensweise.

Wenn sich ganze Branchen im digitalen Wandel verändern und möglicherweise die Arbeitsstätte ganz entfällt, hat ein Erwerbsleben schneller und öfter Brüche. Das von der SPD im letzten Bundestagswahlkampf vorgestellte, von Beschäftigungsdauer und Alter des Beziehers unabhängige Arbeitslosengeld Q, kann zur neuen Grundlage werden. In Verbindung mit guten Weiterbildungen wird das – an das letzte Gehalt angelehnte – Arbeitslosengeld I für bis zu vier Jahre bezogen. Nun mag der Ordnungspolitiker einwenden, dass die Verantwortung für individuelle Qualifizierung von Arbeitnehmern und auch die Finanzierung dessen eigentlich bei den Unternehmen liegen muss. Es als zentrale staatliche Aufgabe zu begreifen, ist aber letztlich konsequenter, insbesondere wenn

Unternehmen scheitern oder diese Verantwortung nicht mehr tragen können. Zugleich ist die Frage der generellen Bezugsdauer des Arbeitslosengeldes I stärker in den Fokus zu nehmen. Unabhängig von Inanspruchnahme einer Weiterbildung, muss sich das Arbeitslosengeld I an der Dauer der vorherigen Beschäftigung orientieren. Ältere Arbeitssuchende gewinnen so ausreichend Zeit, neue Beschäftigung auch im bisherigen Berufsfeld zu finden.

Zweitens brauchen wir eine zweifelsfreie, verlässliche soziale Sicherheit. Arbeitslosigkeit darf nicht zum Sturz ins Bodenlose führen. Vermögenswerte, die im Bereich eines normalen Einkommens liegen und selbst erarbeitet wurden, müssen effektiv geschützt werden. Ein besonderer Schutz gilt dem Wohneigentum. Warum sollte jemand gezwungen werden, seine Wohnung zu verschleudern, damit der Staat dann im Anschluss die Mietkosten übernimmt?

Drehen wir es um: Wir nehmen ab sofort an, dass kein verwertbares Kapital beim Bezieher von Arbeitslosengeld vorhanden ist. Eine oftmals aufwändige Prüfung auf vorhandene Vermögenswerte entfällt und findet nur noch in wenigen, begründeten Ausnahmefällen statt.

Drittens müssen die Sozialleistungen an die allgemeine Lohnentwicklung gekoppelt werden. Aktuell nimmt der relative Abstand zwischen Armen und Ärmsten immer weiter zu. Und wenn das ALG II tatsächlich das Existenzminimum abbilden soll, dann müssen wir zudem das Sanktionsregime beenden. Und selbstverständlich brauchen wir eine echte Kindergrundsicherung, damit am Beginn nicht Armut, sondern eine echte Chance auf ein gelingendes Leben steht.

Viertens ist die Arbeitsagentur radikal umzubauen. Wir brauchen eine *Agentur für Arbeit und Qualifizierung*. Diese muss ansetzen, bevor Arbeitslosigkeit entsteht. Das bedeutet, präventiv auch in Arbeit befindliche Beschäftige zu beraten und zu begleiten. Denn die Beschäftigten wissen doch selbst am besten, wie für sie persönlich die Zukunft bei der eigenen Arbeit aussieht und die Mitarbeiterinnen und Mitarbeiter in den Jobcentern verfügen über einen hohen Erfahrungsschatz. Lasst sie ihre Arbeit beginnen, bevor Arbeitslosigkeit entsteht und es noch schwieriger wird. Arbeit gehört in den Mittelpunkt gerückt und nicht die Verwaltung von Arbeitslosigkeit. Ein neuer Schwerpunkt der Arbeitsagentur muss auf der Qualifizierung liegen – bis hin zu individuellem Coaching. Es ist menschenwürdiger und dazu noch viel günstiger, Arbeit zu versichern als Arbeitslosigkeit aufzufangen und ein sehr umfangreiches, auf Sanktionen und Kontrolle basierendes System zu unterhalten.

Fünfter und letzter Leitgedanke ist eine aktivierende staatliche Politik. Sie muss auf regional sehr unterschiedliche Bedürfnisse eingehen. Der von der SPD durchgesetzte Einstieg in den Sozialen Arbeitsmarkt ist ein erster richtiger Schritt. Es müssen weitere Schritte folgen. Das ist die Chance, dass tatsächlich Arbeit in allen Teilen des Landes und für alle Menschen, die sich bemühen, möglich wird.

Die SPD als Partei der Arbeit ist gut beraten, die Diskussion zur Überwindung von Hartz IV nicht aus Sicht wahltaktischer Manöver zu führen. Im Mittelpunkt muss stehen, dass in einer veränderten Welt das Versprechen von Solidarität im Sozialstaat neu gedacht wird. Der Arbeitssuchende ist nicht Bittsteller, sondern ein Mensch mit dem Willen zum selbstbestimmten, freien Leben – und muss auch so behandelt werden.

Wir Sozialdemokratinnen und Sozialdemokraten werden uns selbst miteinander versöhnen, um wieder konsequenter an der Seite der fleißigen und ehrlichen Leute zu stehen. Neue, bessere Antworten für einen starken und solidarischen Sozialstaat sind nötig wie überfällig.

Echte, vernünftig bezahlte Vollbeschäftigung ist das Kernziel sozialdemokratischer Wirtschaftspolitik. Denn gut bezahlte, möglichst tarifvertraglich gesicherte Arbeit bleibt die beste Grundlage für eine auskömmliche Rente. Auch wenn wir in Zukunft anders, produktiver und damit vielleicht auch weniger arbeiten werden – all das muss neu zusammengedacht werden. Der starke, solidarische Sozialstaat muss im Kern seine sozialen Sicherungssysteme und die Versicherung von Arbeit neu entwerfen. Doch damit nicht genug: Der Umbau des Sozialstaates umfasst die Lösung verteilungspolitischer Fragen ebenso wie die Ausgestaltung des Bildungssektors und ein demokratischeres Wirtschaftssystem. Viel zu tun – auf nach vorn!

„Dass Krankenpfleger, Verkäuferinnen oder Busfahrer aus den Städten gedrängt werden, damit werden wir uns niemals abfinden! Neben gesetzlichen Eingriffen, um die Exzesse im Wohnungsmarkt einzudämmen, gibt es daher nur eine erfolgsversprechende Lösung: Wir müssen massiv in den sozialen Wohnungsbau investieren und bauen, bauen, bauen. Damit auch Menschen mit niedrigem und mittlerem Einkommen dort leben können, wo sie wollen."

Wohnraummangel ist keine abstrakte politische Frage. Sie ist konkrete Lebenswirklichkeit für viele Menschen, die einen Großteil ihres hart erarbeiteten Einkommens für die Miete ausgeben müssen oder sich die Miete vielerorts überhaupt nicht (mehr) leisten können. Was das bedeutet und wie Politik diese Lebenswirklichkeit verbessern kann, oder besser: muss, habe ich in einem Gastbeitrag für *Die Kommunale* im Oktober 2018 verdeutlicht: Wir müssen bauen, bauen, bauen – und das Land muss die Kommunen unterstützen. Wir haben daher als NRWSPD eine wohnungspolitische Kommission gegründet. Diese arbeitete grundlegende Beschlüsse aus, die auf dem Landesparteitag am 21. September 2019 beschlossen wurden. Sie legten einen anderen Umgang mit Grund und Boden bis hin zu einer neuen Gemeinnützigkeit fest.

Bezahlbares Wohnen ist soziale Frage des Jahrzehnts

NRWSPD rückt die Herausforderung Wohnen in den Mittelpunkt

Gastbeitrag für Die Kommunale, Magazin der Sozialdemokratischen Gemeinschaft für Kommunalpolitik in NRW e.V. (Ausgabe 5/2018)

Die Frage des „bezahlbaren Wohnens für alle" ist die soziale Frage des Jahrzehnts und eine Bewährungsprobe für die Sozialdemokratie. Eine kurzfristige Lösung erscheint kaum möglich, zu lang wurden die Fragen der langfristigen Investitionen und des neu zu schaffenden Wohnraums nicht angepackt. Dennoch müssen jetzt erst recht Fragen neu und anders beantwortet werden und vor allem: die Weichen langfristig richtig gestellt werden.

Denn Grundstücke und Immobilien sind auch in Nordrhein-Westfalen längst zu einem Spekulationsobjekt geworden. Die Preise und Mieten sind in den letzten Jahren kontinuierlich gestiegen. Im Zeitraum von 2013 bis 2017 sind die Mieten in Nordrhein-Westfalen um 20 Prozent angestiegen, während die Reallohnzuwächse in demselben Zeitraum nur um 11,9 Prozent gestiegen sind. Damit nicht genug: Bis 2040 werden in Nordrhein-Westfalen, wie die schwarz-gelbe Landesregierung auf eine kleine Anfrage antwortet, rund 42 Prozent der preisgebundenen Wohnungen aus der Bindung fallen, bis 2025 schon 27 Prozent der preisgebundenen Wohnungen. Waren es

1997 mehr als 900.000 Wohnungen, werden es 2025 nur noch um die 300.000 Wohnungen sein.

Diese Aufzählung ließe sich ohne Weiteres fortführen. Doch lasst uns kurz innehalten und klarmachen, was das für die Menschen bedeutet. Denn es geht hier um nichts anderes als zerstörte Lebensentwürfe und geplatzte Träume. Das Versprechen, dass der, der hart arbeitet, sich irgendwann eine kleine Wohnung oder gar ein Eigenheim leisten kann, gilt nicht mehr. Mehr noch: Wohnen ist die soziale Frage unserer Zeit. Viele Menschen der viel beschworenen „arbeitenden Mitte" können sich Düsseldorf, Köln, Bonn oder Münster schlichtweg nicht mehr leisten. Und in Deutschland wohnt der weit überwiegende Teil der Menschen (*57,5 Prozent in NRW*) zur Miete.

Mehr noch: Viele verlieren ihr Zuhause und ihr soziales Umfeld oder müssen ins weitere Umland ziehen. Schlichtweg, weil sie bei der nächsten Mieterhöhung einfach nicht mehr mithalten können. Die Kölner Verkehrsbetriebe haben aktuell Probleme Busfahrer zu finden. Warum? Weil diese sich mit ihrem Gehalt die Stadt Köln einfach nicht leisten können. In bezahlbaren Wohnungen sind Familien bei Massenbesichtigungen schnell auf Platz 150 der Warteliste und bekommen am Ende doch nicht die Wohnung.

Wenn wir glauben, dass das nur die prosperierenden Großstädte betrifft, dann irren wir uns gewaltig. In meinem Wahlkreis im Rhein-Sieg-Kreis begegne ich dem Problem tagtäglich. Die ältere Dame in meinem Wahlkreisbüro, für die die alte Wohnung zu groß geworden ist und die keine bezahlbare und barrierefreie Wohnung findet, ist nur ein Beispiel. Und diese Probleme verschärfen sich Monat für Monat. Bürgerinnen und Bürgern ziehen um und treffen auf die kalte Realität auf dem Wohnungsmarkt und auf skrupellose Vermieter in Form anonymer Großkonzerne.

Die Frage des bezahlbaren Wohnens ist eine tickende Zeitbombe. Während sich vorausschauende Politik zu Recht auf die Fragen einer guten und gerechten Gesundheitspolitik für alle oder die Garantie und Stärkung der gesetzlichen Rente nicht nur bis 2025 zuwendet, droht im Alter auch die dritte, offene Fragestellung: bezahlbare Mieten oder selbstgenutztes Eigentum als Versicherung gegen Armut? Und jegliche Rentenerhöhung wird dann durch die kommende Mieterhöhung wieder mehrfach aufgefressen, wo die Pflege- und die Gesundheitskosten dies sowieso schon taten.

Und was macht diese schwarz-gelbe Landesregierung? Sie tritt den Mieterschutz mit Füßen und verschärft die Situation damit zusätzlich. Wenn bis 2021 gleich vier Mieterschutzverordnungen außer Kraft treten, ist das ein Armutszeugnis und sozialer Sprengstoff. Schwarz-Gelb nennt das großspurig auch noch „Entfesselung des Wohnungsmarkts". Das ist keine Entfesselung, das ist ein Brandbeschleuniger für die Spaltung unserer Gesellschaft. Der wissenschaftliche Beirat von Wirtschaftsminister Peter Altmaier empfiehlt sogar die komplette Abschaffung des sozialen Wohnungsbaus. Weiter weg von den Bedürfnissen der Menschen in diesem Lande kann man gar nicht regieren. Das Mantra „Privat vor Staat" oder der Glaube in den Markt, „der das schon regelt", wird weiter wie eine Monstranz vor sich hergetragen. Die Wahrheit ist aber: Der Markt allein regelt gar nichts. Wir Sozialdemokratinnen und Sozialdemokraten wissen besser als alle anderen: Der Markt braucht Regeln. Zur Wahrheit gehört auch: Die Verschärfung der Mietpreisbremse im Bund ist notwendig, aber das allein reicht nicht.

Es geht hier aber nicht nur darum, Steine aufeinander zu stellen und Beton anzumischen. Keine Wohnung zu haben, ist vor allem ein geplatzter Lebenstraum. Dem Kind kein eigenes Kinderzimmer zu bieten oder mit Partnerin und Partner nicht zusammenziehen zu können, ist für viele bittere Realität. Es ist daher eine zentrale Frage des selbstbestimmten Lebens und der Verwirklichung der Wünsche vieler Menschen. Für uns Sozialdemokraten bleibt die beste Mietpreisbremse daher der konsequente Bau von Wohnungen. Dass Krankenpfleger, Verkäuferinnen oder Busfahrer aus den Städten gedrängt werden, damit werden wir uns niemals abfinden! Neben gesetzlichen Eingriffen, um die Exzesse im Wohnungsmarkt einzudämmen, gibt es daher nur eine erfolgsversprechende Lösung: Wir müssen massiv in den sozialen Wohnungsbau investieren und bauen, bauen, bauen. Damit auch Menschen mit niedrigem und mittlerem Einkommen dort leben können, wo sie wollen.

Viele Kommunen in NRW wollen handeln, weil sie die Probleme sehen und gründen vor Ort eigene kommunale Wohnungsbaugesellschaften, auch weil die schwarz-gelbe Landesregierung sie im Stich lässt. Hier müssen wir ansetzen. Das Land Nordrhein-Westfalen braucht wieder eine eigene Landeswohnungsbaugesellschaft, um gemeinsam mit den Kommunen bezahlbaren Wohnraum zu schaffen – wir brauchen ein Jahrzehnt des Bauens. Und dabei brauchen die Kommunen, gerade die kleineren Städte und Gemeinden, die Unterstützung des Landes. Wir als NRWSPD haben uns auf den

Weg gemacht und im September eine wohnungspolitische Kommission gegründet. Von der Bodenpolitik über die landeseigene Wohnungsbaugesellschaft bis hin zu den fehlenden Planungskapazitäten – gemeinsam mit der Partei und externen Expertinnen und Experten werden wir das Thema so bearbeiten und Lösungen präsentieren, die organisatorisch und finanziell umsetzbar sind. Sie werden am Ende dabei helfen, bezahlbaren Wohnraum und damit ein Zuhause für alle zu schaffen. Das ist unsere Verpflichtung als Sozialdemokratie. Also packen wir es gemeinsam an.

„Die SPD hatte immer Konjunktur, wenn es hieß, den Wandel solidarisch zu gestalten. Es bedeutet, Strukturbrüche zu verhindern, der Polarisierung unserer Gesellschaft und Spaltung in Gruppen die Idee eines solidarischen Miteinanders und der progressiven Gestaltung des Wandels entgegenzustellen. Das Leitmotiv: Wie wird aus dem technologischen Wandel sozialer Fortschritt?"

Rund ein Jahr nach der Bundestagswahl 2017 und der schweren, mehrheitlich getroffenen Entscheidung der SPD für den Eintritt in eine erneute Große Koalition befasste ich mich mit der Lage der SPD und der Frage, wie sie sich innerhalb der Koalition erneuern könne. Aus meiner Sicht muss die SPD in maximal vier oder fünf zentralen Feldern eigene Leitmotive und neue Linien einer linken Volkspartei erarbeiten. Die SPD muss deutlich machen, dass sie nicht nur ihre gute Politik in der Regierung durchsetzt, sondern dass sie jetzt wirklich die drängenden Aufgaben des 21. Jahrhunderts angeht: Wie realisiert sich Gerechtigkeit in einer globalen Welt? Wie lassen sich Demokratie und Arbeitnehmerrechte in einer digitalen Welt sichern? Von uns wird erwartet, dass wir sagen können, wie Deutschland im Jahre 2030 aussehen soll.

Strategie, Profil und Dynamik für neue Perspektiven

Diskussionsimpuls vom 5. November 2018

Die SPD scheint weder in einer guten Lage noch in guter Verfassung zu sein. Reines Wehklagen und lautes Bedauern der Situation wird aber nichts verbessern. Dass es wieder aufwärts gehen kann, wissen wir. Dass es eines gemeinsamen Kraftaktes und Dauerlaufs bedarf, ahnen wir. Dafür braucht die SPD vor allem dreierlei: „S.P.D."! Das bedeutet: Strategie, Profil und Dynamik.

S – Strategie

Eine gute Strategie ist ständiger Anpassung unterworfen und passt sich dauerhaft der sich verändernden Realität und Situationen an. Die Langfristigkeit einer Strategie darf nicht mit Inflexibilität verwechselt werden. Denn eine Strategie liegt nicht wie eine rostige Eisenbahnschiene unflexibel wie unverändert jahrzehntelang in der Landschaft rum.

Auf die SPD übertragen heißt das: Es ist höchste Zeit, die veränderten Realitäten anzuerkennen. Ja, die SPD hat sich unter schweren Mühen Anfang 2018 für den Eintritt in eine Große Koalition entschieden – mit den Verhandlungspartnern Horst Seehofer als CSU-Chef und Angela Merkel als CDU-Vorsitzende und Kanzlerin. Doch Frau Merkel und Herr Seehofer sind am

Ende ihres politischen Wirkens und Wütens und bald nur noch Geschichtsbucheinträge.

Nur ein Wort zur Einordnung: Hinter der Bundesrepublik liegen Chaostage im Sommer. Der Versuch des amtierenden Bundesinnenministers Horst Seehofer, Kanzlerin Angela Merkel über die erneute Debatte um die Flüchtlingspolitik zu kippen, ist zwar gescheitert. Dem Ansehen der Regierung hat es aber immens geschadet. Die ursprüngliche Begründung einer erneuten Großen Koalition aus staatpolitischen Gründen mit dem Hinweis auf eine „stabile Regierung" wurde öffentlich der Lächerlichkeit preisgeben. Dabei ist das jämmerliche Bild der Regierung zu allererst in der Verantwortung der Regierungschefin Angela Merkel. Es ist Ausdruck ihrer Führungsschwäche.

Auch die Wahl eines neuen CDU-Vorsitzenden ist nicht zu unterschätzen. Unabhängig davon, ob Annegret Kramp-Karrenbauer, Jens Spahn oder Friedrich Merz den Vorsitz übernehmen. Mit Friedrich Merz und Ralph Brinkhaus ist sie wieder da. Die alte, neoliberale CDU. Die Partei, die der Wirtschaft einseitig den Vorrang gibt und Arbeitnehmerinteressen nur als markthinderlich betrachtet. Die Forderung nach der 42-Stunden Arbeitswoche stammt aus Merz' Feder ebenso wie die Begrenzung gewerkschaftlicher Betätigung oder das Mantra „Mehr Kapitalismus wagen".

Mit Jens Spahn als neuen CDU-Vorsitzenden würde die skurrile Situation entstehen, dass Angela Merkel sich von ihrem CDU-Parteivorsitzenden und eigenem Gesundheitsminister morgens beim Frühstück vor der Kabinettssitzung die neuesten Dienstanweisungen abholen müsste. Seine Vorstöße zur inhaltlichen Absetzung von ihrer Politik lassen wenig Gutes erahnen. Das ginge doch keine 48 Stunden gut. Damit steht die Große Koalition so oder so vor einer Wendung im Dezember und mutmaßlich vor weiteren neuen Realitäten um die Jahreswende.

Die SPD ist gut beraten, nicht abzuwarten, sondern eigenständig zu agieren. Sie darf der CDU den Flügelkampf und die Aufkündigung des ohnehin kaum vorhandenen Koalitionskonsenses nicht als „Erneuerung" durchgehen lassen.

Zugegeben, der kleinste, aber nicht ausreichende Nenner wäre es, den aus Sicht der SPD gut verhandelten Koalitionsvertrag nun gegen die Union zu wenden. Er ist gut nutzbar als rotes Stoppschild und Rückversicherung für ein weltoffenes, liberales Deutschland gegen den neuen „egal-wer"-Vorsitzenden der Union. Der Vertrag ist geschlossen und Jens Spahn könnte sich wegen einer veränderten Flüchtlingspolitik auf den Kopf stellen genauso wie Friedrich Merz mutmaßlich eine neue Wirtschaftsordnung durchsetzen wollte – aber sie bekämen keine Mehrheit.

Eine „konservative Wende" ist mit der SPD nicht zu machen, das Vereinbarte gilt. Die SPD sagt deutlich nein – mit allen Konsequenzen. Diese Frage muss öffentlich an die Union vor ihrem Parteitag gerichtet werden. Soweit zum Regierungshandeln und guten Bruchlinien.

P – zum schärferen Profil der SPD

Die Lösung der Krise der SPD ist nicht im kurzfristigen Beschluss von veränderten Fahrplänen für das Regierungshandeln zu finden. Gutes Regieren und das Abarbeiten von Verträgen werden allgemein erwartet, dafür wird niemand gefeiert.

Scheinbar kommt etwas anderes, viel zentraleres in Gang. Denn selbst jahrzehntelange Mitglieder und bedeutende Verantwortungsträger der SPD-Parteiführung veröffentlichen nun reihenweise Texte und teils radikale Positionen zur ebenso jahrzehntelang überfälligen Neupositionierung der SPD in bedeutenden, gesellschaftlichen Fragen. Hier darf bei aller Selbstkritik und allem Aktionismus auch die Wirkung auf die Öffentlichkeit und mögliche Unterstützergruppen nicht unterschätzt werden. Sie müssen aktiv eingebunden werden, denn ansonsten gibt es nur eine weitere, rein parteiinterne Debatte.

Die SPD muss sich in maximal vier oder fünf Leitthemen eigene Leitmotive und neue Linien einer linken Volkspartei erarbeiten. Es ist an der Zeit, über Koalitions- und Regierungslogik deutlich hinauszuwachsen. Damit definiert die SPD nicht nur Möglichkeiten zum neuen Vertrauensaufbau und eine stärkere Wählerbasis. Wenn es gut angelegt wird, wird es die Basis oder Plattform neuer Mehrheitskonstellationen in den Parlamenten. Denn der SPD fehlt auch eine glaubhafte Machtperspektive jenseits einer Großen Koalition – zumindest auf der Bundesebene.

Die Sozialdemokratie muss deutlich machen, für welches Deutschland, für welches Gesellschaftsbild sie steht und welche neuen (!) Wahlmöglichkeiten sie damit für interessierte Wähler anbietet. Denn die SPD muss Original sein und nicht eine „ähnlich wie"-Partei. Denn die anderen Parteien gibt es schon.

Mögliche Felder im Überblick – aber nicht alle:

Mit Blick auf Deutschlands europäische und internationale Rolle ist es die Idee einer fortschrittlichen und solidarischen Gestaltungmacht.

Das Leitmotiv: Wie wird die stattfindende Globalisierung zu mehr Gerechtigkeit für alle genutzt und nicht nur zum schnellen Reichtum für Wenige. Das bedeutet auch den Bruch mit alten, rein marktradikalen Linien der Europäischen Union. Und die stehen im Mai des kommenden Jahres zur Wahl. Hier muss die SPD spannend voran.

Die Sicherung sozialer Rechte für Arbeitnehmer sind Beispiele ebenso wie die Einhegung der Marktmacht internationaler Konzerne und ihre Besteuerung nach dem Standortprinzip, eine Digitalsteuer oder die EU-Finanzmarktsteuer.

Mehr noch: Eine neue deutsch-europäische Friedensagenda schließt nicht nur Rüstungsverträge mit Saudi-Arabien aus. Die Idee der Internationalisierung der verbliebenen deutschen Rüstungsindustrie und ihre parlamentarische Kontrolle wäre eine wahre sozialdemokratische Initiative gegen die weltweite Aufrüstungsspirale eines Putins und eines Trumps.

Die SPD hatte immer Konjunktur, wenn es hieß, den Wandel solidarisch zu gestalten. Es bedeutet, Strukturbrüche zu verhindern, der Polarisierung unserer Gesellschaft und Spaltung in Gruppen die Idee eines solidarischen Miteinanders und der progressiven Gestaltung des Wandels entgegenzustellen.

Das Leitmotiv hierbei: Wie wird aus dem technologischen Wandel sozialer Fortschritt? Diese vorhandene, noch zu füllende Leerstelle drückt sich in mangelnder Zustimmung zur Politik der SPD aus. Die SPD braucht eine Konzeption für die Gestaltung des digitalen Wandels.

Die verstärkten Investitionen in den sozialen Zusammenhalt sind eine sehr gute Initiative. Sie könnten auch mit vorhandenen Bundesmitteln, von Haushaltsüberschüssen bis hin zu vorhandenen Reserven à la „Flüchtlingsreserve und Co" unterlegt, bereits jetzt angestoßen werden. In Verbindung mit einem handlungsfähigen Staat, der auf ausreichende Einnahmen bauen kann, ist es eine Chance für neue Mehrheiten. Aber es bedarf auch jetzt schon klarer Signale.

Mit Blick auf ein liberales, tolerantes Gesellschaftsbild und das Staatsverständnis des handlungsfähigen Staates:

Es ist absolut richtig, dass die SPD mit alten Fehlannahmen in der Sozialpolitik jetzt aufräumen und einen neuen (!) Gedanken eines starken, solidarischen Sozialstaats entwickeln will. Dieser darf nicht entlang von Sanktionen und Gängelung ausgerichtet sein und damit der Beförderung von Abstiegsangst Vorschub leisten. Die Idee des starken, solidarischen Sozialstaats muss entlang des Gedankens der Ermöglichung differenzierter Lebensentwürfe und Emanzipation jedes Menschen ausgerichtet werden. Es geht um den Weg zum selbstbestimmten Leben jeder und jedes Einzelnen. Diese Idee ist hierbei das Leitmotiv.

Die Verteilung von Arbeit, die gerechte Verteilung des enormen Produktivitätszuwachses durch die Digitalisierung und auch die konsequente Überführung prekärer Beschäftigung in sozialversicherungspflichtige Arbeitsverhältnisse, die Verhinderung eines uferlosen Leih- und Zeitarbeitsmarkts oder von endlosen Ketten- oder Werkverträgen sind Leitgedanken. Dazu kommt: Die sozialen Sicherungssysteme müssen zu echten Systemen der sozialen Sicherheit werden.

Wir brauchen eine Einbeziehung größter Vermögen in die Besteuerung und höhere Abgaben bei höchsten Einkommen, um in eine solidarische Finanzierung des Gemeinwesens zu kommen. Dies kann der Kern eines neuen Entwurfs eines sozialdemokratischen Wirtschaftsmodells sein. Wo ist die sozialdemokratische Antwort auf immer größere Ungleichheit zwischen arm und unfassbar reich?

Diese inhaltlichen Positionierungen müssen zweierlei erreichen: Einerseits sind sie die Plattform, damit die SPD sich überhaupt wieder einer Machtperspektive erarbeiten kann – jenseits einer Großen Koalition. Denn zur Wahrheit gehört: Weder ist mit der CDU in einer Großen Koalition die Umsetzung des weltweiten Sozialismus zu erwarten noch hat die SPD in der Vergangenheit ihr strategisches Dilemma seit der verlorenen Bundestagswahl 2009 mit mageren 23 % jemals überwunden. Damals – und zwar jenseits von Kandidatenfragen und eher schwierigen Kampagnen – gab es das Problem, dass Wählerinnen und Wähler sich beim besten Willen häufig nicht vorstellen konnten, mit wem die SPD denn zukünftig auf welcher inhaltlichen Plattform gemeinsam regieren wollte.

Zusammengefasst: Die SPD muss inhaltlich spannender werden, mutiger sein und gleichzeitig Nerven bewahren. Sie muss wieder Orientierungspunkt gesellschaftlicher Debatten werden und nicht ängstliche Kopie scheinbar erfolgreicherer Umfragegewinner. Am Ende entscheiden Wahlen und nicht Umfragebarometer.

D – zur Dynamik

Die SPD muss sich vor allen Dingen jetzt unabhängig von Strategien und Zeitplänen des Konrad-Adenauer-Hauses und der CDU machen. Sie muss eine eigene Dynamik entwickeln, wenn sie ihr Profil nun schärfen will. Nur so wird es eine öffentliche und keine interne Debatte.

Es ist bei einer guten Strategie immer sinnvoller, zu agieren als zu reagieren oder gar nur zu beobachten. Und wenn die anderen mental schon aus der Koalition raus sind, dann sollten wir erst recht identifizieren, was wir inhaltlich anders und besser machen wollen.

Wir werden es brauchen – einmal sehr sicher, in einem anderen Fall vielleicht schneller als gedacht. Denn wir Sozialdemokratinnen und Sozialdemokraten wollen frohen Mutes in die Europawahlen ziehen. Und wir wollen keine anderen Wahlauseinandersetzungen fürchten – allen Umfragen zum Trotz. Doch dies ist auch eine Haltungsfrage. Wenn wir uns nichts mehr zutrauen und nur noch auf Umfragewerte, die im Keller sind, schielen – dann wird das nichts. Wenn wir uns nicht mehr motivieren, wie wollen wir dann eine Wählerin oder einen Wähler motivieren?

Wenn wir uns eines merken können aus dem so genannten „Schulz-Hype", dann ist es der Wunsch nach Kandidatinnen und Kandidaten, die positive Projektionsfläche sind. Die SPD wird nun Prozesse anstoßen, schnell ihr Profil inhaltlich zu schärfen. Zur Wahrheit gehört: Das allein wird im Fall des Falles nicht reichen. Vielleicht wird sie auch schnell Fragen zu Spitzenkandidaturen klären müssen. Da wird es um ganz andere Dynamiken gehen. Die „Sturzgeburten" von Kanzlerkandidaten haben allesamt der SPD nicht genutzt und dem Wahlerfolg geschadet. Die Ideen vor Vorwahlen oder bei mehreren Kandidatinnen und Kandidaten von Urwahlen sollte immerzu fertig in der Schublade liegen. Denn, wenn es mit dem neuen Profil und neuer Motivation gelingt, dann werden die Kandidatinnen und Kandidaten Schlange stehen. In der SPD wird entschieden, wer Kanzlerin oder Kanzler wird.

Oder ein gänzlich verändertes Vorgehen zur Gewinnung neuer Positionen. Warum nicht der Entwurf eines Wahlprogramms in vier, fünf digitalen „Townhall-Meetings" der SPD ebenso wie offene Regionalkonferenzen zu den Leitfeldern? Verbunden mit der Begrenzung eines lesbaren und auch für nicht Politik-Nerds verständlichen Ergebnistextes auf 15–18 Seiten. All das sind Chancen.

Also mehr Mut und weniger Angst. Es ist wieder alles offen – und das ist gut so. Für unser Land und die SPD.

„Eine unregulierte kapitalistische Marktwirtschaft zerstört in glo-balisierten Zeiten den gesellschaftlichen Zusammenhalt. Der Markt braucht soziale, demokratische und ökologische Regeln. Hier unter-scheidet sich die progressive Linke von den Konservativen, die glau-ben, der Markt regle alles."

Der Gründungsmythos Europas ist Frieden. Doch wurde dabei jahr-zehntelang der soziale Frieden zu wenig beachtet. Dass Europa und mit ihm die europäische Sozialdemokratie ins Wanken geraten sind, liegt nicht zuletzt an fehlender Solidarität im Zuge der Bankenkrise 2008 und folgend. Daher habe ich Ende 2018 vor der anstehenden Europawahl den Schwerpunkt auf eine gemeinsame europäische So-zialpolitik gelegt. Und die Corona-Krise zeigt uns: Nur wenn Solidarität untereinander das leitende Prinzip ist und wir allen Europäerinnen und Europäern soziale Sicherheit bieten, kann Europa auch die Co-rona-Krise gut überstehen und nicht nur das erfolgreichste Friedens-projekt der jüngeren Geschichte sein, sondern auch das erfolgreichste Zukunftsprojekt.

Was sich in der EU ändern muss: Vorrang für die soziale Sicherheit!

Ein Plädoyer für mehr Zusammenhalt

Gastbeitrag für den Tagesspiegel zur Europawahl im Mai 2019, veröffentlicht am 7. Dezember 2018

Der Gründungsmythos Europas ist Frieden. Und die europäische Integration das erfolgreichste Friedensprojekt der jüngeren Geschichte. Aber eine Erzählung allein taugt nicht, denn Europa ist immer auch Zukunft. Diese Zukunft Europas ist in Zeiten von Brexit und rechtsnationalen Erfolgen in den Nationalstaaten ins Wanken geraten. Eng verwoben mit dem Aufstieg der Rechten und der Gefährdung Europas geht die Krise der europäischen Sozialdemokratie einher. Die gute Nachricht: Bei der kommenden Europawahl können sowohl Europa als auch die Sozialdemokratie gewinnen. Dafür muss die Sozialdemokratie zu einer echten Alternative werden und mit bestimmten Trugschlüssen hart brechen.

Nur zwei Gründe: Erstens sind nennenswerte Teile der Sozialdemokratie über mehrere Dekaden der neoliberalen Ideologie, ihrem Marktmodell und Staatsgedanken gefolgt. Das war ein Fehler. Zweitens: Europa, das war für die Sozialdemokratie immer die Hoffnung auf Frieden und Wohlstand. Viel wurde dafür erreicht, aber es fehlt an einem sozialdemokratischen Konzept, um auf die negativen Auswirkungen der Globalisierung zu antworten.

Daher ist die EU niemals ein Bollwerk gegen die massiven sozial- und wirtschaftspolitischen sowie demokratiefeindlichen Auswirkungen der Globalisierung geworden. Im Gegenteil: Getrieben von stupider Gläubigkeit an die Marktfreiheit wurde die EU mit ihren Institutionen selbst zur Bedrohung nationaler und sozialpolitischer Errungenschaften. Sei es in Form des Vergaberechts, der Eingriffe in die Tarifautonomie oder der nationalen Investitionsbudgets bis hin zur Durchsetzung härtester Sparvorgaben in Südosteuropa. Kein Wunder, dass viele Arbeitnehmerinnen und Arbeitnehmer die EU als Verstärkung der marktradikalen Wettbewerbslogik wahrnehmen und diese daher ablehnen.

Der europäische Gedanke der Angleichung der Verhältnisse bei anhaltendem wirtschaftlichen und sozialen Aufschwung wird durch zunehmende Ungleichheit bei der Verteilung von Vermögen und Einkommen sowie der immer unterschiedlicher verteilten regionalen Wirtschaftskraft offensichtlich widerlegt. Ja, Produktivität und BIP steigen. Aber Unsicherheit und die Angst vor Arbeitslosigkeit, sozialem Abstieg und Altersarmut auch. Hier muss die SPD ansetzen. Es geht darum, das verbreitete Gefühl, dass nationale Errungenschaften des Sozialstaats unter europäischer Regulierungswut aus Marktgläubigkeit geschliffen werden, ernst zu nehmen. Aber ohne in eine falsche Renaissance des Nationalstaatsgedankens zurückzufallen.

Was also tun?

Die vier Grundfreiheiten des europäischen Binnenmarktes
(freier Verkehr von Waren, Personen, Dienstleistungen und
Kapital) müssen durch den Vorrang der „sozialen Sicherheit"
eingehegt werden. Erst dies ermöglicht den Nationalstaaten
aktive Arbeitsmarktpolitik und verhindert gleichzeitig, dass
nationale Tarifverträge oder soziale Ausprägungen des Wohl-
fahrtsstaates unter Druck geraten.

Die Sozialdemokratie darf keine Debatte fürchten. Wenn die
internationale Weltordnung ins Wanken gerät, wird deutlich,
dass europäische Nationalstaaten allein nicht verteidigungs-
fähig sind. Europa muss die starke Stimme einer gleichermaßen freien wie solidarischen Welt auf Grundrechten fußend
sein. Dazu braucht es den Aufbau einer gemeinsamen Ver-
teidigung und das unter parlamentarischer Kontrolle.

Die Einführung eines Investivbudgets auf EU-Ebene ist der
richtige Weg, um endlich rasch und dort, wo regional erfor-
derlich, in Bildung, Forschung, Klimaschutz und Infrastruktur investieren zu können.

Europa besser machen – dazu gehört für uns auch eine konse-
quente Bekämpfung von Steuervermeidung und Steuerflucht.
Ebenso eine Mindestbesteuerung, vor allem größter, globaler
Konzerne.

Eine unregulierte kapitalistische Marktwirtschaft zerstört
in globalisierten Zeiten den gesellschaftlichen Zusammenhalt. Der Markt braucht soziale, demokratische und ökologische Regeln. Hier unterscheidet sich die progressive Linke

von den Konservativen, die glauben, der Markt regle alles. Wir wollen eine stabile Sozialunion, in der soziale Grundrechte Vorrang haben vor radikalen Marktprinzipien. Wir brauchen eine soziale Investitionsoffensive zur Bekämpfung von Arbeitslosigkeit als Projekt neuer europäischer Hoffnung auf ein selbstbestimmtes Leben. Wenn ein Agrarmarkt auf der Verteilung von Subventionen beruht, warum starten wir keine soziale Investitionsoffensive mit ähnlichen Budgetansätzen von hunderten Milliarden – wie bei der Bankenrettung – und versuchen, das europäische Ziel der Senkung der Jugendarbeitslosigkeit auf Null zu erreichen?

Die SPD hat einmal plakatiert: Für ein Europa der Menschen, nicht der Märkte. Wie wäre es mit: Einfach machen!

„Nur ein handlungsfähiger, starker Sozialstaat kann ein freies Leben in Sicherheit garantieren. Öffentliche und soziale Sicherheit sind untrennbar verbunden. Je größer die Ungleichheit zwischen den Menschen ist, desto größer ist das Konfliktpotenzial einer Gesellschaft. Verbessern wir die soziale Lage, gehen auch Konflikte und Kriminalität zurück."

Sicherheit ist ein zentrales gesellschaftliches Thema und gewinnt weiterhin an Bedeutung. Wir müssen uns dabei trauen, Sicherheitspolitik kontrovers zu debattieren. Für mich ist Sicherheit ein ursozialdemokratisches Thema, denn sie ist Voraussetzung für eine gerechte und solidarische Gesellschaft. Für die Schriftenreihe „Innere Sicherheit" der Friedrich-Ebert-Stiftung habe ich mein Konzept einer modernen Sicherheitspolitik dargelegt. Sicherheitspolitik beschränkt sich nicht auf Kriminalitätsbekämpfung. Öffentliche und soziale Sicherheit sind untrennbar verbunden. Ausgehend von dieser Grundannahme habe ich zentrale Forderungen an eine sozialdemokratische Sicherheitspolitik formuliert.

Sicherheit für alle ist die Voraussetzung einer freien und gleichen Gesellschaft

Moderne Sicherheitspolitik beinhaltet Prävention, fördert Investitionen und schafft sozialen Zusammenhalt

Gastbeitrag in der Schriftenreihe „Innere Sicherheit"
vom Forum Berlin der Friedrich-Ebert-Stiftung,
veröffentlicht am 10. Januar 2019

Einleitung

Öffentliche Sicherheit zu gewährleisten, ist eine zentrale Aufgabe des Staates. Es ist Usus im sozialdemokratischen Selbstverständnis, dass nur ein handlungsfähiger, starker Sozialstaat ein freies Leben in Sicherheit garantieren kann. Denn echte individuelle Freiheit existiert nur dort, wo Menschen sicher sind. Freiheit und Solidarität sind eng miteinander verknüpft. Aus sozialdemokratischer Sicht ist klar: Dafür braucht es den solidarischen Staat, der Regeln setzt, Ordnung schafft und Sicherheit stiftet – in allen Bereichen des Lebens. Trotzdem gilt gerade die Sicherheitspolitik in der öffentlichen Debatte nicht als Steckenpferd der Sozialdemokratie. Dabei gewinnt Sicherheit als Wert in der Gesellschaft an Bedeutung und hat im politischen Meinungskampf einen hohen Stellenwert. Diskussionen über Fragen der inneren Sicherheit werden oft emotional geführt. Sicherheitspolitik darf deshalb keine offene Flanke der Sozialdemokratie sein. Meiner Meinung nach muss es diese offene Flanke auch nicht geben. Es gibt gute Konzepte und konkrete Handlungsvorschläge aus sozialdemokratischer Perspektive. Ohne Anspruch auf Vollständigkeit will ich im Folgenden einige davon skizzieren.

Der Unterschied liegt im Menschenbild

Bei der Frage, was sozialdemokratische Sicherheitspolitik von den Ansätzen anderer Parteien unterscheidet, müssen wir mit einem grundlegenden Unterschied im Menschenbild beginnen. Auf der konservativen Seite haben wir ein Bild, in dem in Anlehnung an Thomas Hobbes „der Mensch dem Menschen ein Wolf ist" und der Staat seine Bürger bändigen muss. Der Gedanke der Prävention oder einer Resozialisierung nach Verbüßung der Strafe ist hier kaum vorhanden. Auf der anderen Seite haben wir ein sozialdemokratisches Menschenbild in Anlehnung an John Locke, in dem sich die Menschen im Prinzip freundlich gegenüberstehen. Je nachdem, in welchem Zustand sich die Gesellschaft befindet und wie stark oder schwach der Staat ist, kann es aber auch hier zu handfesten Konflikten kommen.

Sozialdemokratische Sicherheitspolitik ist mehr als Kriminalitätsbekämpfung

Öffentliche und soziale Sicherheit hängen eng zusammen. Je größer die Ungleichheit zwischen den Menschen ist, desto größer ist das Konfliktpotenzial einer Gesellschaft. Verbessern wir die soziale Lage, gehen auch Konflikte und Kriminalität zurück. Nirgendwo zeigt sich dieser Zusammenhang von Sozial- und Sicherheitspolitik deutlicher als im urbanen Raum. Der Zusammenhang zwischen Kriminalität und Wohnumgebung ist erwiesen. Wenn in einem Quartier städtische Öffentlichkeit weitgehend fehlt und soziale Brennpunkte existieren, begünstigt das Kriminalität. Das hat nichts damit zu tun, dass Menschen in solchen Vierteln stärkere kriminelle Neigungen hätten. Aber Sicherheitspolitik hat auch immer eine sozialpolitische Dimension. Wir müssen als Gesellschaft bereits vor dem Entstehen von Kriminalität ansetzen und fragen: „Was brauchen Menschen, um in Frieden und Freiheit zu leben und wie kann der Staat das für seine Bürgerinnen und Bürger ermöglichen?" Eine ausgewogene Stadtentwicklung ist die Voraussetzung für die Vermeidung sozialer Brennpunkte. Sozialdemokratische Sicherheitspolitik wird fühlbar, wenn der Staat seinen Bürgerinnen und Bürgern bezahlbaren und guten Wohnraum zur Verfügung stellt und Menschen nicht aus ihrem vertrauten Kiez verdrängt werden. Gibt es gute Schulen und Betreuungsangebote in der Freizeit oder wird auch noch das letzte Jugendzentrum geschlossen? Ein weiteres ganz konkretes Beispiel, was für mich Sicherheitspolitik ist: Die Bereitstellung sauberer und beleuchteter Bushaltestellen, an denen Bürgerinnen und Bürger auf den Bus warten können, der auch noch nach 19 Uhr fährt, führt zu mehr Sicherheit und einem besseren Sicherheitsgefühl.

Seriöse Sicherheitspolitik
denkt sozialräumliche Aspekte mit

Wohnungsbauförderung, Maßnahmen zur Verbesserung des Wohnumfelds und quartiersbezogener Sozialarbeit müssen daher massiv ausgebaut werden. Wir brauchen einen „New Deal" für soziale Investition und soziale Innovation. Konkret: Es muss endlich massiv in unsere Schulen, Universitäten, unsere Infrastruktur investiert werden. Wir brauchen Zehntausende neuer Bürgerhäuser und Jugendzentren, um mehr Orte der Begegnung zu schaffen. Lokale Demokratie braucht reale Orte. Diese sozialräumlichen Aspekte mitzudenken, ist seriöse Sicherheitspolitik. Niemand darf von öffentlichen Gütern abgeschnitten sein. Um zu einer Ordnung zu kommen, die für die gleichen Rechte und Möglichkeiten der Menschen sorgt, müssen wir viel Geld in die Hand nehmen. Nur Reiche können sich einen schwachen Staat leisten. Doch auch sie werden in einer ungleichen und ungerechten Gesellschaft mit ihren vielen Konflikten nicht glücklich werden. Von konservativer Seite wird in Fragen der öffentlichen Sicherheit zuallererst etwas vom Bürger gefordert. Aber es gibt auch eine Bringschuld der öffentlichen Seite, diese Sicherheit tatsächlich zu liefern. Denn erst wenn der öffentliche Raum sicher ist, kann jeder Einzelne seine Freiheit wirklich ausleben: „Freiheit ist unmöglich, wenn sie nicht durch den Staat gesichert wird" (Karl Popper).

Sicherheit ist auch ein Gefühl von Gerechtigkeit

Zur Sicherheit gehört auch das Gefühl von Gerechtigkeit. Menschen haben ein feines Gespür für die Frage: Was wird mit aller Härte des Gesetzes verfolgt und an welcher Stelle wird Nachsicht geübt? Wenn etwa durch einen Cum-Ex-Raub 33 Milliarden Euro an Steuergeldern gestohlen wurden, diese Praktiken den entsprechenden Stellen spätestens 2010 bekannt waren, aber erst im September 2019 ein einzelnes Strafverfahren gegen zwei Börsenhändler eröffnet wird, dann fühlen sich die Menschen verschaukelt. Wenn gleichzeitig Menschen Haftersatzstrafen antreten müssen, weil sie etwa die Busfahrkarte nicht zahlen konnten, erzeugt das ein Gefühl von Ohnmacht und Wut.

Das Unsicherheitsgefühl wächst

Als Mitglied des Innenausschusses begegne ich einer widersprüchlichen Situation. Objektiv betrachtet wird die Sicherheitslage in Deutschland zunehmend besser. Mit Blick auf

Gespräche im Wahlkreis und anhand von Umfrageergebnissen muss ich jedoch feststellen, dass es ein gesteigertes Unsicherheitsgefühl gibt.

Diese Differenz ist allerdings nur scheinbar widersprüchlich. Das Sicherheitsempfinden hängt auch damit zusammen, wie ich den öffentlichen Raum wahrnehme. Es verschlechtert sich, wenn zum Beispiel die Polizei zusammengespart wird, in der Fläche kaum präsent sein kann und nur ein einziger Streifenwagen nachts für mehrere ländliche Gemeinden zuständig ist. Deswegen hat die SPD gefordert, die Polizei in Deutschland um mindestens 15.000 Stellen zu stärken und konnte dieses Ziel im Koalitionsvertrag festschreiben. Bei der Umsetzung sehen wir aktuell aber auch, wie schwer und langwierig es ist, eine einmal zusammengesparte Polizei wieder aufzubauen. Deshalb sind solche Investitionen zukünftig dauerhaft und unabhängig von der wirtschaftlichen Lage zu tätigen.

Ein zweiter relevanter Faktor für das Wahrnehmungsparadoxon in der Sicherheitspolitik ist sicherlich ein verändertes Nachrichtenverhalten. Wir erhalten durch die Digitalisierung immer mehr und schneller Informationen. Gleichzeitig wird es schwieriger, diese zu validieren und in die richtigen Relationen zu setzen. Algorithmen analysieren die Lesegewohnheiten und richten die zur Verfügung gestellten Informationen entsprechend aus. Wer in den sozialen Medien einen Bericht über einen Messerangriff liest, dem werden im Anschluss weitere ähnliche Berichte angezeigt. Social-Media-Kanäle verstärken durch diese Logik ihrer Algorithmen die Fokussierung auf bestimmte Ausschnitte der Realität. Auch so entstehen Parallelwelten in der Wahrnehmung von Wirklichkeit.

Manipulationen und gezielte Falschinformationen sind auf Social-Media-Kanälen gerade bei Berichten über Kriminalität wirksam. Die Bestätigung des eigenen Gefühls wird wichtiger als rationale Argumente. Verschwörungstheorien haben nicht umsonst Konjunktur. Vorschlagsfunktion und Autoplay begünstigen vor allem auf YouTube eine Parallelwelt von Verschwörungstheorien und Extremismus, während Google die Werbeeinnahmen dafür einfährt. Das ist ein drängendes sicherheitspolitisches Problem.

Social-Media-Anbieter müssen endlich ihrer Verantwortung gerecht werden und viel schneller und öfter die Verbreitung von Fake-News und extremistischen Inhalten unterbinden sowie die entsprechenden Nutzerkonten sperren. Zu lange haben sie sich nicht für gefährliche und menschenverachtende Inhalte auf ihren Plattformen interessiert. Es muss klar sein: Plattformen sind für die Inhalte auf ihren Seiten verantwortlich. Strengere Vorgaben an die Plattformen beim Umgang mit Hate Speech sind wichtig. Denn hier treffen Demagogen für ihre radikale Propaganda auf fruchtbaren Boden.

Digitalisierung und Rechtsextremismus

Das Erstarken extremistischer Bewegungen hat viele Ursachen. Eine ist sicherlich die zunehmende Komplexität der Welt. Extremistische Bewegungen bieten eine Reduktion auf scheinbar einfache Antworten. Sie sind aber die denkbar schlechteste Antwort auf alle Fragen. Der Terrorismus von Rechts ist heute eine der größten Gefahren für unsere freiheitliche Gesellschaft und das friedliche Zusammenleben.

Wer angesichts der bundesweiten Vernetzung und Aktionen von „NSU 2.0", „Nordkreuz" oder „Combat 18" noch die These von rechtsextremen Einzeltätern proklamiert, verschließt die Augen vor der Realität: In Deutschland agieren organisierte und hochgerüstete rechtsextreme Netzwerke. Das Internet begünstigt dabei die Vernetzung von Gleichgesinnten.

Wir sehen zunehmend die Grenze zwischen Rechtskonservativen, Rechtsradikalen bis hin zu rechtsextremen Neonazis schwinden. Für die Sicherheitsbehörden wird es schwieriger, die realen Gefahren aus der Masse an Informationen und Daten rechtzeitig herauszufiltern. Sie benötigen daher dringend geeignete Werkzeuge, um frühzeitig etwa in Foren und sozialen Netzwerken Radikalisierungstendenzen von Gruppen und Einzelpersonen zu erkennen. Durch Big-Data-Ansätze können systematische Auswertungen und Analysen vorgenommen werden. Dabei ist es allerdings ein sicherheitspolitischer Irrtum, dass durch immer mehr Überwachungsmöglichkeiten mehr Sicherheit erreicht werden könne. Es ist selten so, dass die entscheidenden Informationen nicht vorhanden oder nicht zugänglich waren. Die wahre Herausforderung liegt vielmehr darin, aus dem Wust an Informationen die wirklich relevanten herauszufischen. Dafür braucht die Polizei die entsprechenden digitalen Analyseprogramme, für diese Arbeit gut geschulte Polizistinnen und Polizisten und eine verbesserte Zusammenarbeit über Ländergrenzen hinweg. Wichtige Projekte wie gemeinsame Datenbanken und ein standardisierter Informationsfluss werden angegangen. Der Weg dorthin hat aber gezeigt, dass die Interoperabilität von Daten und ihre intelligente Verknüpfung von Anfang an mitgedacht werden müssen, um sie nicht erst später mit Verzögerung und viel Aufwand umzusetzen. Beim Informationsaustausch geht es im Übrigen nicht um die Aufhebung des Trennungsverbotes zwischen Polizei und Nachrichtendiensten, welches wir in Deutschland aus sehr guten Gründen haben. Aber die Sicherheitsbehörden müssen durch klare Regeln in die Lage versetzt werden, entlang dieses Trennungsverbotes ihre Aufgaben wahrzunehmen und frühzeitig auf Gefahren reagieren zu können.

Cyberkriminalität und der Schutz davor

Ebenso wie sich Extremisten das Internet zu Nutze machen, agieren Kriminelle auch in anderen Feldern zunehmend digital. Wir sehen, dass digitale und analoge Sicherheit zunehmend miteinander verwoben sind. Menschen werden Opfer von Identitäts- und Datendiebstahl. Industrieanlagen und kritische Infrastrukturen wie Strom- und Wasserversorgung arbeiten vernetzt und sind so über das Internet angreifbar. Es ist eine Frage der öffentlichen Sicherheit, in IT-Sicherheit zu investieren und damit Bürger, Unternehmen und Staat bestmöglich zu schützen.

Angesichts ansteigender Zahlen an IT-Sicherheitsvorfällen sind Antworten dringlich. Dabei kann es in der digitalen Welt ebenso wenig wie in der analogen Welt absolute Sicherheit geben. Der Anspruch muss aber sein, den bestmöglichen Schutz für Bürgerinnen und Bürger und deutsche Unternehmen zu gewährleisten. Dafür sollten wir die digitale Sicherheitspolitik strikt defensiv ausrichten.

Keine Behörde und kein Unternehmen kann gleichzeitig Weltspitze in defensiven und in offensiven Cyberfähigkeiten sein. Um nicht in beidem mittelmäßig zu sein, ist die klare Fokussierung auf einen Bereich notwendig. Wir sollten unsere Anstrengungen auf die Entwicklung sicherer und innovativer Abwehrinstrumente für Bürger, Wirtschaft und Staat richten. Denn die Rechnung von Kriminellen ist recht simpel: Ist der Aufwand für einen Hack teurer als der zu erwartende Ertrag, wird von dem Angriff in der Regel abgesehen. Eine aktive Cyberstrategie könnte dagegen eine Eskalationsspirale in Gang setzen, deren Folgen nicht abzuschätzen wären und dadurch langfristig nicht zu mehr Sicherheit, sondern zu mehr Unsicherheit führen.

Auf Seite der Strafverfolgungsbehörden besteht aktuell die Sorge, dass ihre Überwachungsmethoden mit zunehmender Verbreitung von Verschlüsselung unbrauchbar würden. Dieses Phänomen wird als »Going Dark« bezeichnet. Um dem entgegenzuwirken, wollen sie noch nicht geschlossene Sicherheitslücken offenhalten. Ich halte das Nichtschließen dieser Lücken, sogenannten »0-Day-Exploits«, hingegen für ein massives Sicherheitsrisiko. Es gibt so gut wie keine Situation der Gefahrenabwehr, die das Risiko einer solchen Offenhaltung rechtfertigt. Stattdessen würde dadurch alles unsicherer. Denn wenn jeder staatliche und nicht-staatliche Akteur auch nur eine Hand voll »0-Days« pro Jahr für offensive Zwecke zurückhalten würde, bedeutete das in der Summe Tausende offene Sicherheitslücken, die genauso von allen anderen Akteuren genutzt werden könnten – und würden.

Wir schaffen im Gegenteil mehr Sicherheit, wenn wir Verschlüsselungen noch weiter verstärken. Die Bundesregierung hat nicht umsonst in ihrer digitalen Agenda 2014 das Ziel beschlossen, „Verschlüsselungsstandort Nr. 1 auf der Welt" zu werden. Darauf sollten wir mit dem massiven Ausbau von Verschlüsselungsforschung und dem verpflichtenden Ansatz von „Security by design" und „Security by default" hinarbeiten.

Digitale Prävention

Ebenso wie in der analogen Welt ist in der digitalen Welt Prävention ein wichtiger sicherheitspolitischer Ansatz. Unabhängig von allen technischen Vorkehrungen ist der Mensch weiterhin die größte IT-Sicherheitsschwachstelle.

Jedes Jahr wird eine Rangliste der meistgenutzten Passwörter veröffentlicht und jedes Jahr sind Passwörter wie »123456« oder »passwort« ganz weit oben. Die Menschen für Fragen des IT-Schutzes zu sensibilisieren, kann viel Schaden verhindern. Deswegen wird das Bundesamt für Sicherheit in der Informationstechnik (BSI) mit dem Verbraucherschutz einen ganz entscheidenden zusätzlichen Aufgabenbereich erhalten.

Nicht jede und jeder kann die Sicherheit von IT-Geräten selbst einschätzen. Für Verbraucher war es in der Regel bisher kaum möglich, die Sicherheit von Geräten wie Internetroutern oder Handys einzuschätzen. Sicherheit ist daher bis heute kaum ein Faktor bei der Kaufentscheidung und folglich für Produzenten kein maßgebliches Kriterium. Weil der Markt an dieser Stelle versagt hat, gleichzeitig aber immer mehr vernetzte Geräte Einzug in die Haushalte halten, soll zukünftig ein Kennzeichen Auskunft über die IT-Sicherheit dieser Geräte geben. Angesichts der Dringlichkeit des Themas bin ich über die Abwehrhaltung vieler Unternehmen gegenüber einem solchen Sicherheitszertifikat erstaunt. Denn für mich ist offenkundig: Wer die Sicherheit als wichtiges Feature seines Produktes begreift, müsste sich über solche Standards freuen. Denn so setzt er sich von einer Konkurrenz ab, welche die Schnittstellen für Kriminelle gleich frei Haus liefert.

Digitale Polizeiarbeit

Angesichts der Digitalisierung der Gesellschaft muss sich auch die Polizeiarbeit digitalisieren. Im Feld der Cyberkriminalität steigen die Zahlen gegenüber dem allgemeinen Trend. Gerade hier fehlen Mittel und entsprechend qualifiziertes IT-Personal, um angemessen durchzugreifen. In der Folge bemühen Bürgerinnen und Bürger nicht einmal mehr die Polizei – und die Dunkelziffer steigt. Der Staat hat aber die öffentliche Sicherheit in allen Bereichen zu gewährleisten – sowohl analog als auch digital.

Schnell werden immer neue Gesetze gefordert. Wo es sinnvoll ist, müssen die Gesetze natürlich angepasst werden. Beispiele sind bessere Durchgriffsrechte des BSI zum Schließen eklatanter Sicherheitsmängel oder die Entkriminalisierung von „ethischem Hacking", bei dem Schwachstellen den betroffenen Unternehmen gemeldet und nicht auf dem Schwarzmarkt verkauft werden.

Aber zu oft ist die Forderung nach neuen Gesetzen nur der Versuch, konsequentes Handeln vorzutäuschen. Zu oft sind nicht aufgeklärte digitale Straftaten weniger ein Problem mangelnder rechtlicher Möglichkeiten für die Sicherheitsbehörden als ein Vollzugsproblem durch fehlende Expertinnen und Experten, veraltete Technik oder fehlenden Austausch der Behörden. Verbrechen im digitalen Raum machen keinen Halt vor nationalen Grenzen, entsprechend müssen auch Sicherheitsbehörden schnell und in enger Kooperation transnational agieren. In der Abstimmung zwischen Ländern und der Bundesebene muss deswegen das Bundeskriminalamt (BKA) in seiner Koordinierungsfunktion für Cyberkriminalität weiter gestärkt werden. Trotz der schwerfälligen Kooperation auf EU-Ebene muss die Sicherheitspolitik auch europäischer werden.

Dazu gibt es auch gar keine Alternative. Auf europäischer Ebene sollte aus Europol mittelfristig eine Art „europäisches FBI" entstehen.

Mehr noch als in der analogen Welt wird im Internet um die Frage von Freiheit versus Sicherheit gerungen. Hier ist ein gemeinsames gesellschaftliches Grundverständnis noch nicht erreicht. Während digitale Bürgerrechtlerinnen und Bürgerrechtler zu oft jegliche digitale Polizeiarbeit als Versuch der staatlichen Internetüberwachung brandmarken, gilt auf der anderen Seite viel zu schnell das Mantra „je mehr Kompetenzen und Überwachungsmöglichkeiten, desto besser". Unionspolitiker lesen den Sicherheitsbehörden jeden Wunsch von den Lippen ab und fragen viel zu selten nach, ob eine Maßnahme tatsächlich die allgemeine Sicherheit erhöht. Während in der analogen Welt etwa niemand auf die Idee käme, Bauunternehmen den Einbau von Sicherheitslücken in Wohnungstüren vorzuschreiben, damit sie im Fall der Fälle bei einem begründeten Verdacht in die entsprechende Wohnung eindringen können, wird aus konservativer Richtung genau diese Forderung bei der Nutzung von sicherer Kommunikation erhoben. In der Folge würde allerdings das Sicherheitsniveau insgesamt massiv sinken. Was im analogen Bereich gilt, gilt auch im digitalen: Prävention ist die beste Kriminalitätsbekämpfung und verschlüsselte digitale Technik macht es Kriminellen im Internet ungemein schwerer. Dafür braucht es den handlungsfähigen Staat, der investiert.

Fazit: Solidarität und Prävention
statt des Märchens von absoluter Sicherheit

Ist denn Sicherheit heutzutage erreichbar? Die Antwort lautet Ja und Nein. Es gilt Missstände anzusprechen, ohne sie zu dramatisieren oder zu instrumentalisieren. Wir müssen nicht alles Erreichte schlecht reden. Dass die Kriminalität seit Jahren zurückgeht, ist nicht vom Himmel gefallen, sondern Ergebnis der guten Arbeit deutscher Sicherheitsbehörden und der politischen Voraussetzungen, die von Bund und Ländern geschaffen worden sind.

In der öffentlichen Debatte dominieren zwar immer die lautesten Forderungen und wir befinden uns insofern in einem Zeitalter des Absolutismus und „Sofortismus" – erst hundertprozentige Sicherheit ist ein Erfolg und diese muss sofort gewährleistet sein. Doch wer ehrlich ist, muss einräumen: Es hat immer Kriminalität gegeben und es wird sie auch in Zukunft geben. Der Trend zeigt aber in die richtige Richtung.

Für mich muss Prävention ein sicherheitspolitischer Schwerpunkt der Sozialdemokratie sein – und zwar in allen Kriminalitätsfeldern. Ein zweiter Schwerpunkt ist die Schaffung gesellschaftlicher Solidarität. Sie schafft reale und gefühlte Sicherheit. Sozialdemokratinnen und Sozialdemokraten sind nicht grundsätzlich gegen „Law & Order", denn wir sorgen für einen starken Staat, der in der Lage ist, Gesetze durchzusetzen. Wir sorgen aber auch dafür, dass Recht und Regeln für alle gelten. Sozialdemokratische Sicherheitspolitik investiert in den sozialen Zusammenhalt. Solidarität hat dabei immer zwei Seiten: Rechte und Pflichten. Ein handlungsfähiger Staat, der alle Menschen wirklich gleich behandelt und ihnen den gleichen Zugang zu öffentlichen Leistungen bietet, ist die beste Grundlage dafür. Der kaputtgesparte und den Märkten ausgelieferte neoliberale Staat hingegen ist schwach, der ausgrenzende national-völkische Staat der politischen Rechten ist unsolidarisch und ungerecht. Ich halte den sozialdemokratischen Ansatz in Verbindung mit einem positiven Menschenbild für den erfolgversprechendsten Weg, Sicherheits- und Freiheitsbedürfnisse in der Gesellschaft zu vereinen und, neben objektiv messbaren Sicherheitsdaten, auch dem zunehmenden Unsicherheitsgefühl in der Bevölkerung entgegenzuwirken.

„Mobilität ist ein zentrales Element sozialer Teilhabe. Es darf nicht sein, dass Mobilität eine Frage des Wohnortes, des Alters oder gar des Einkommens ist. Gerecht ist es, wenn wir Mobilität für alle Menschen überall sicherstellen.“

Mobilität ist eine Frage des Geldbeutels und erst recht eine Frage des Verkehrs. Dafür zu sorgen, dass alle Menschen in Deutschland mobil sein können, muss unser sozialdemokratischer Anspruch sein. Daher bin ich 2013 als neu gewählter Abgeordneter ganz bewusst in den Verkehrsausschuss des Deutschen Bundestages gegangen und habe mich unter anderem um die Finanzierung unserer Verkehrswege ge-kümmert. Damit alle gut von A nach B kommen, egal ob mit dem Auto, dem Bus, der Bahn oder dem Rad, müssen wir in eine saubere und nachhaltige Mobilität investieren, den ÖPNV und die Infrastruktur von Straßen und Schienennetz stärken. Ob auf dem Land oder in der Stadt.

„Gerecht ist, mehr Mobilität"

Interview mit der DVPB, Deutsche Vereinigung für Politische Bildung e.V., veröffentlicht am 21. Januar 2019

Frage: Von 2013 bis zum Juni 2018 waren Sie im Bundestag Mitglied im Ausschuss für Verkehr und digitale Infrastruktur. Heute sitzen Sie als ordentliches Mitglied im Ausschuss für Inneres und Heimat. Seit einem Jahr sind Sie Landesvorsitzender der nordrhein-westfälischen SPD. Eines Ihrer Herzensthemen lautet „Gerecht ist, mehr Mobilität ...". Wie können Sie diese Leitidee beschreiben?

Antwort: Mobilität ist ein zentrales Element sozialer Teilhabe. Wer nicht mobil ist, ist zumeist ausgeschlossen vom gesellschaftlichen Leben. Es darf nicht sein, dass Mobilität eine Frage des Wohnortes, des Alters oder gar des Einkommens ist. Gerecht ist es also, wenn wir Mobilität für alle Menschen überall sicherstellen.

Frage: Inwiefern sehen Sie Handlungsbedarf in Nordrhein-Westfalen? Das Land ist vielfältig geprägt durch das Nebeneinander von urbanen Zentren und ländlichen Gebieten.

Antwort: Das Miteinander von ländlichen und urbanen Räumen zeichnet NRW und seine Regionen aus. Es zeigt sich allerdings auch immer deutlicher die Gefahr der Spaltung und der Ungleichheit, insbesondere beim Thema Mobilität. In den Zentren gibt es ein gutes Angebot an Bussen und Bahnen, Car- und Bikesharing. Auf dem Dorf fährt der Bus nur alle zwei

Stunden, manchmal gar nicht. So wird der Weg zum Arzt oder ins Kino zur Tortur, wenn man kein eigenes Auto hat. Mobilität muss im ländlichen Raum ermöglicht werden, auch wenn dort keine Buslinie kostendeckend fährt. Städte haben wiederum ganz andere Probleme: Alles erstickt im Stau, weil zu viele Autos in der Stadt sind. Gleichzeitig sind zu Hauptverkehrszeiten auch Busse und Bahnen überfüllt, weil die Infrastruktur am Limit ist. Wir müssen also sowohl in der Stadt als auch auf dem Land die Infrastruktur und das Nahverkehrsangebot ausbauen, wenn wir Mobilität für alle ermöglichen wollen.

Frage: „Schneller. Mehr Bewegung. Weniger Stau." – das war ein zentrales Motto der Landes-CDU im NRW-Landtagswahlkampf 2017. Inwiefern unterscheidet sich dieses Motto von Ihrer aktuellen Leitidee?

Antwort: Weniger Stau wünscht sich wohl jeder. Die CDU hat im Wahlkampf sehr populistisch versprochen, den Staus ein Ende zu bereiten, ohne eine konkrete Lösung anzubieten, wie das denn funktionieren soll. Ergebnis: Die Staus werden immer länger. Man sollte da ehrlich erklären: Mehr Baustellen bedeuten erst einmal mehr Stau. Deswegen hatte der ehemalige SPD-Verkehrsminister Groschek ein Jahrzehnt der Baustellen und damit auch Staus angekündigt. Hören wollte das aber niemand. Wir müssen mehr in unsere Infrastruktur investieren, um die großen Versäumnisse der Vergangenheit aufzuholen. Aber wir als SPD wollen auch ganz klar den öffentlichen Personennahverkehr stärken. Mehr Straßen alleine werden die Verkehrsprobleme in NRW nicht lösen.

Frage: Was hat die vormalige rot-grüne Landesregierung unter Hannelore Kraft aus Ihrer Sicht versäumt oder falsch gemacht?

Antwort: Wir haben es nicht geschafft, deutlich zu machen, dass wir in der Verkehrspolitik stark umgesteuert haben – und vielleicht ging es den Bürgern auch nicht schnell genug. Die Vorgängerregierung Rüttgers (CDU) hatte z.B. massiv Planungsstellen beim Landesstraßenbaubetrieb abgebaut. Das fällt uns noch heute auf die Füße. Wir haben neue Stellen geschaffen, die Mittel für den Straßenbau aufgestockt und im Rahmen des Bundesverkehrswegeplans endlich große Investitionen nach NRW geholt. Auch in den ÖPNV haben wir investiert und z.B. mit einem Sozialticket Mobilität für Menschen mit kleinen Einkommen erleichtert. Aber ganz klar: Man sieht die Erfolge nicht schnell genug. Zudem konnten wir kaum herausarbeiten, dass der größte Teil der Infrastruktur Bundesangelegenheit ist – es waren Bundestraßen und Autobahnen, die verfallen sind. Der Bund hat zu wenig investiert und das ist CDU und CSU anzulasten.

Frage: Wie fällt Ihre Bilanz hinsichtlich der aktuellen Verkehrspolitik der schwarz-gelben Landesregierung aus? Wo sehen Sie Fortschritte, wo Nachholbedarf?

Antwort: Die Landesregierung hat sehr viel auf großen Plakatwänden versprochen und sehr wenig davon gehalten. Es gibt erheblichen Nachholbedarf beim Ausbau der Schieneninfrastruktur vor allem für den öffentlichen Nahverkehr, aber auch beim Ausbau der Straßen. Der Bund stellt so viel Geld zur Verfügung wie noch nie. Die Landesregierung muss jetzt endlich von Sonntagsreden auf konkrete Planungsarbeit umstellen. Von innovativen Mobilitätskonzepten habe ich aus dem CDU-Verkehrsministerium bisher auch nichts gehört.

*Frage: Wechseln wir einmal von der Landes- in die Kommunal-
politik. Seit Jahren schon reißen Städte wie Köln, Essen oder
Bonn geltende EU-Grenzwerte zur Luftverschmutzung. Die
Deutsche Umwelthilfe (DUH) konnte im vergangenen Jahr und
aktuell mehrere juristische Erfolge verbuchen. Ab diesem Jahr
wird es ernst werden mit tatsächlich bemerkbaren Diesel-Fahr-
verbotszonen in den deutschen Großstädten. Wie beurteilen Sie
die Sachlage?*

Antwort: Die Lage ist dramatisch und die Landesregierung
verweigert jedes Handeln in der Sache. Es sind viele Tausende
Autofahrer/-innen betroffen, die darauf gesetzt haben, dass
ihre Autos den Normen entsprechen. In den Medien wird
gerne von „Schummel-Software" gesprochen. Das hört sich
nett an, ist aber falsch. Eigentlich haben wir es mit Betrug
zu tun. Es kann nicht sein, dass die Verbraucher/-innen die
Dummen sind. Für die NRWSPD ist klar, dass es Hardware-
Nachrüstungen der betroffenen Diesel-Fahrzeuge auf Kosten
der Auto-Konzerne geben muss.

Wir sollten in der Debatte auch nicht vergessen, auf welchem
Rücken sie ausgeführt wird. Das sind gerade die Menschen
mit kleinen Einkommen. Sie wohnen oft an den vielbefahre-
nen Straßen und atmen die schlechte Luft ein. Und sie sind
es auch, die besonders von Fahrverboten betroffen wären,
weil das Auto nicht einfach durch ein neues, sauberes ersetzt
werden kann. Gerade dieser Blick ist mir wichtig trotz der
verhärteten Fronten.

Zugleich soll beachtet werden, dass Fahrverbote nur das letzte
Mittel sein können, um die vorgegebenen gesetzlichen Regeln
zur Luftreinhaltung und zum Gesundheitsschutz zu erfüllen.

Die Landesregierung ist aufgefordert, in der Luftreinhalte-
politik aktiv zu werden und Maßnahmen zur Luftreinhaltung
fortzusetzen und weiterzuentwickeln.

*Frage: Die Reaktionen auf die drohenden Fahrverbote fallen sehr
kontrovers aus. Zum Teil sind sie ziemlich emotional. So kriti-
sierte Bundesverkehrsminister Scheuer, dass er es für unver-
hältnismäßig halte, wenn eine Richterin ein Diesel-Fahrverbot
für eine Autobahn wie etwa in Essen anordne. Das gäbe es nirgendwo anders auf der Welt, führte der CSU-Politiker weiter aus.*

*Der SPD-Politiker und Gelsenkirchens aktueller Oberbürger-
meister Frank Baranowski nannte das Urteil ebenfalls unver-
hältnismäßig. Baranowski erklärte aber einen anderen Akteur
für verantwortlich, indem er darauf verwies, dass die Menschen
in den Städten für das Versagen der Automobilindustrie gerade-
stehen müssen.*

*Die Christdemokraten wollten sogar prüfen lassen, ob die
Deutsche Umwelthilfe weiterhin als gemeinnützige Organisation
anerkannt bleiben sollte. „Wie soll man das denn den Bürgern
erklären, dass ein Staatssekretär der Bundesregierung die Gemeinnützigkeit der DUH in Frage stellt, der wirtschaftspolitische
Sprecher einer Regierungsfraktion sie gar semikriminell nennt,
aber die Bundesregierung weiter munter Fördergelder an die DUH
vergibt", fragte der Vize-Chef der FDP-Bundestagsfraktion, Michael Theurer im Handelsblatt vom 2.12.2018. „Wenn die Union es
ernst meint, muss sie diesem Treiben ein Ende bereiten."*

*In die ähnliche Stoßrichtung wie die FDP-Aussage formulierte
es auch Marc Bernhard, AfD-Bundestagsabgeordneter und Mitglied im Umweltausschuss, zitiert nach der Online-Ausgabe des*

Handelsblatts vom 11.12.2018: „Der Deutschen Umwelthilfe muss das Handwerk gelegt werden.“ Denn das strategische Ziel der DUH sei es, so Bernhard, die Städte und Gemeinden mit Fahrverbots-Klagen zu überziehen sowie die deutsche Automobilindustrie und Millionen von Arbeitsplätzen zu zerstören. „Es ist daher skandalös, dass der obskure Verein mit weniger als 300 Mitgliedern dabei auch noch finanziell von der Bundesregierung unterstützt wird.“

Wie beurteilen Sie diese zum Teil sehr heftigen Positionen?

Antwort: Die verbalen Ausfälle sind gut für Schlagzeilen und schlecht für die Lösung einer schwierigen Situation. Von manchen Seiten wird so getan, als sei es fast gesund, Schadstoffe einzuatmen. Dann kommen noch irgendwelche selbsternannten Lungenexperten und verrechnen sich. Das hat alles Unterhaltungswert, aber kein Lösungspotential. Ich glaube, diese Debatte um die Umwelthilfe und Grenzwerthöhen führt im Ergebnis zu nichts. Zwei Dinge stehen doch fest: Wir müssen runter mit der Schadstoffbelastung und gleichzeitig Fahrverbote verhindern. Autofahrer/-innen gegen Anwohner/-innen von stark befahrenen Straßen auszuspielen, ist da zu billig und zu ideologisch.

Frage: Inwiefern können Sie mit Ihrer Leitidee „Gerecht ist, mehr Mobilität …“ einen Beitrag zur Diesel-Fahrverbotszonen-Debatte liefern?

Antwort: Indem wir vor „Mobilität“ noch ein „saubere“ setzen. Eine wirklich andere Mobilitätspolitik ist möglich, wenn man entsprechend investiert und den Mut aufbringt, neue Wege zu gehen. Mobilität für alle kann ohnehin nur über einen starken ÖPNV sichergestellt werden. So schaffen wir automatisch attraktive Alternativen zum eigenen Auto. Dafür müssen wir in die Infrastruktur investieren und mehr Busse und Bahnen fahren lassen. Damit sich das auch alle leisten können und das öffentliche Angebot attraktiv ist, müssen die Fahrpreise runter. Da werden mittlerweile Modelle wie ein „1-Euro-Ticket" diskutiert, wofür die Stadt Wien ein Vorbild sein kann. Wir müssen alle Verkehrsträger intelligenter vernetzen – Fahrrad, Auto, Busse, Bahnen. Autos stehen die meiste Zeit auf Parkplätzen rum und verstopfen unseren öffentlichen Raum. Da bieten Carsharing-Modelle Chancen. Es geht nicht darum, Leuten das Autofahren zu verbieten, sondern echte Alternativen zu schaffen. So sinken auch die Schadstoffwerte und alle können teilhaben. Das geht nicht von heute auf morgen, aber man sollte dringend damit anfangen.

Frage: Wenn Sie zukünftig in einem politischen Amt Verkehrs- und Mobilitätspolitik gestalten könnten, welche drei Projekte würden Sie als erstes wie angehen?

Antwort: Ich würde mich dafür einsetzen, deutlich mehr Geld in den Ausbau der Schieneninfrastruktur zu investieren. Das ist ein Schlüssel. Mobilität ist eine gesamtgesellschaftliche Aufgabe. Deshalb würde ich für einen steuerfinanzierten ÖPNV kämpfen, der ohne Fahrpreise auskommt und überall im Land fährt. Außerdem würde ich innovative Konzepte für eine intelligente Verkehrssteuerung stärker fördern. Die Digitalisierung spiegelt sich auch in der Verkehrsinfrastruktur wider und muss weiter gefördert und ausgebaut werden. Des Weiteren gehört für mich auch die Umstellung der Mobilität auf Null-Emmission, wie auf Elektro- und Wasserstoff zu wichtigen und zukünftigen Verbesserungen. Mir ist aber sehr klar, dass dafür sehr dicke Bretter zu bohren sind.

Frage: Wo sehen Sie mögliche Widerstände und Schwierigkeiten bei der Umsetzung?

Antwort: Noch heute werden Busse und Bahnen häufig als Transportmittel für Schüler und Rentner gesehen. Wer kann, fährt Auto. Aber da ist auch ein deutlicher Wandel in der Einstellung zu erkennen. Mir geht es auch gar nicht darum, Verhalten zu erzwingen, sondern zu ermöglichen. Ohne Auto mobil zu sein, ist also ein Angebot. Die größten Schwierigkeiten lägen da sicherlich in der Finanzierung. Mobilität ist nicht umsonst zu haben und unsere Infrastruktur seit Jahrzehnten unterfinanziert.

„Es gibt ihn nicht, den gerechten Krieg. Paradoxerweise gibt es ihn, den ungerechten Frieden ebenso wie den gerechten Frieden. Denn ein Frieden ohne Gerechtigkeit, ist nur ein scheinbarer Friede. Und niemand kann sagen: „Das betrifft mich nicht. Das ist anderer Leute Sache." Durch Gerechtigkeit – im Kleinen und im Alltäglichen – üben wir zumindest den sozialen Frieden."

Am 10. Februar 2019 war ich in der Christuskirche in Hennef eingeladen, die dritte Kanzelrede in der Reihe „Friede sei mit dir!" zu halten. Ausgehend vom Psalm 85,11: „Dass Güte und Treue einander begegnen, Gerechtigkeit und Friede sich küssen!" und Anne Franks Mahnung zur individuellen Verantwortung für den Frieden, übertrug ich den biblischen Gedanken des inneren und äußeren Friedens in die politische Sphäre der heutigen globalisierten und digitalisierten Welt. Um die gesamte Weltgesellschaft sozialer und gerechter zu machen und damit Frieden erst zu ermöglichen, bedarf es der Einsicht, dass Frieden ohne Wahrheit, Gerechtigkeit und die Bekämpfung der Ungleichheit nicht möglich ist. Und es bedarf des individuellen Engagements genauso wie einer Politik, die die Frage der Gerechtigkeit und der Bekämpfung der Ungleichheit in ihren Mittelpunkt stellt.

„Friede sei mit dir!" – Ohne Gerechtigkeit und Wahrheit kein Frieden

Kanzelrede in der Christuskirche Hennef, 10. Februar 2019

Liebe Gemeinde,

heute rede nun ich als der dritte Gast hier in der Reihe „Friede sei mit dir!". Über diese Gelegenheit freue ich mich sehr!

„Friede sei mit dir!", das ist die Klammer der vier Kanzelreden der evangelischen Kirche in Hennef und es ist auch die Jahreslosung 2019: „Suche den Frieden und jage ihm nach!"

Frieden! Das ist schon einmal wichtig. Weil viele von uns fragen: „Wo ist er denn, der Frieden?" Nach außen gefragt: Die Welt wird scheinbar immer unübersichtlicher und unfriedlicher. Nach innen: Nichts ist mehr selbstverständlich, gesellschaftliche Konsense sind mehr denn je angefragt, gar angegriffen. In beiden Fällen drängt die Frage: Wie gelangen wir zum Frieden? Friedlich, mit politischen oder gesellschaftlichen Restriktionen – oder gar gewaltsam? Um diese Fragen überhaupt annähernd beantworten zu können, sollten wir klären: Was verstehen wir überhaupt unter Frieden?

In der Bibel grundlegend und im Psalm 85, Vers 11, den ich für meine Kanzelrede ausgesucht habe, finden sich viele offene und versteckte Hinweise darauf, wie wir zum Frieden finden können.

Im Psalm 85, heißt es ab Vers 9:

> *„Könnte ich doch hören,*
> *was Gott, der Herr redet, dass er Frieden zusagte*
> *seinem Volk und Heiligen, auf dass sie nicht*
> *in Torheit geraten.*
> *Doch ist ja seine Hilfe nahe denen, die ihn fürchten,*
> *dass in unserem Lande Ehre wohne;*
> **dass Güte und Treue <u>einander begegnen</u>**
> **(oder: <u>aufeinander treffen</u>),**
> **Gerechtigkeit und Friede <u>sich küssen;</u>**
> **(oder: <u>sich rüsten)</u>"**

In „meinem" Psalm 85, 11, über den ich heute mit euch sprechen möchte, heißt es:

> *„Dass Güte und Treue einander begegnen,*
> *Gerechtigkeit und Friede sich küssen!"*

Das ist ein Vers, der aus der Zeit nach der Befreiung aus dem Exil stammt. Dennoch scheint nicht alles so gut zu sein. Je nach Lesart lesen wir hier stets vom so oder so (noch) nicht eingetretenen Zustand von „Frieden und Gerechtigkeit".

Nichts scheint so richtig zu stimmen: Nach der Rückkehr und dem Neuanfang ging der Wiederaufbau im Angesicht der persischen Fremdherrschaft nur schleppend voran. Der Alltag der Menschen war von sozialer Ungleichheit und Not geprägt. Friede herrschte weder nach innen noch nach außen. Aber es ist im Kern keine reine geschichtliche Abfolge oder eine Erzählung, sondern der Psalm lebt geradezu von der Spannung der Grundwerte „Frieden" und „Gerechtigkeit", ihrem

Verhältnis zueinander. Eine Grundspannung, die bis in die Gegenwart reicht.

Eine ähnliche Spannung, die wir auch in dem Tugenden-Paar „Güte" und „Treue" entdecken, die hier einander begegnen. Schon in diesem uralten Text steckt der deutliche Hinweis, womit wir Menschen im Hier und Heute uns auseinandersetzen und um welche Grundwerte wir ringen müssen, um *Frieden und Gerechtigkeit* zu ermöglichen, <u>ohne</u> die *Güte* und die *Treue* zu vergessen.

Viele wissen, dass nicht zuletzt wegen dieser Worte der Psalm zu einem wichtigen Text in der ökumenischen Bewegung wurde. Denn es kommen die Leitworte „Gerechtigkeit", „Frieden" und dem folgend die „Bewahrung der Schöpfung" zueinander.

Ursprung – ist eine solche Einordnung heute überhaupt sinnvoll?

Als ich mich mit diesem scheinbar einfachen wie eindeutigen Vers beschäftigte, wurde es immer mehr, es ging immer tiefer und wurde unübersichtlich. Worauf habe ich mich da bloß eingelassen?

Trotzdem: Danke für diese besondere Problemstellung! Denn so konnte ich mich mit seinem Ursprung beschäftigen – und es erinnerte mich nicht nur an so manche Religionsstunde und die Querverweise auf das Hebräische. Unter uns: Heute war es recht hilfreich – damals eher quälend. Denn im hebräischen Ursprungstext finden sich die zitierten Worte nicht so eindeutig wieder.

Hier liegt aus meiner Sicht ein umso wichtiger Schlüssel zum Verständnis und zur Entwicklung neuer Handlungsmaximen. Wir müssen ihn eben immer aus unserer Perspektive und Zeit lesen und – so will ich es machen und einordnen – als durch und durch politischen Text, aktuell wie eh und je. Was dürftet ihr schon anderes von einem Bundestagsabgeordneten erwarten?

Was das heißt? Wenn wir heute „Gerechtigkeit und Frieden küssen sich" lesen, könnten wir dies ebenso mit „Gerechtigkeit und Frieden kämpfen miteinander" aus dem Hebräischen übersetzen.

Und „Güte und Treue" müssen sich nicht zwingend „begegnen", sondern nur „aufeinandertreffen", ein schnödes Nebeneinander. Das wird eher nicht reichen.

Frieden, das ist mir wichtig. Und wenn ich die Zeiten vergleiche, dann muss es früher deutlich unfriedlicher gewesen sein. Doch der erste Gedanke stimmt so einfach nicht. „Shalom" ist das hebräische Wort für Frieden und hat eine viel weitergehende Bedeutung als unser heutiges Wort Frieden. Und mir gefällt es immer besser, je mehr ich entdecke, je mehr ich verstehe.

Die Bedeutung von Shalom umfasst „Ganzheit" und „Unversehrtheit von Gerechtigkeit" und auch, dass alle genug im Leben und zum Leben haben. Dieser Friede bezeichnet im umfassenden Sinne das „Heilsein" einer Gemeinschaft und umschließt sowohl den gesellschaftlichen Bereich und ihre „soziale Gerechtigkeit" als auch den Bereich der Natur und der gesamten Schöpfung.

Das ist ein guter Ansatz – ein Frieden, der schon den Gedanken der Gerechtigkeit enthält. Eigentlich logisch, denn dieser „Shalom" bezog sich zunächst einmal auf innergesellschaftliche Zustände. Und erst später wurde in das Verständnis von „Shalom" das Verhältnis zu anderen Völkern einbezogen.

Welcher Friede? Und warum die Wahrheit wichtig ist.

Dies leitet mich zu meinem Verständnis des Psalms 85,11: Es ist ein weiter Friede, und er beschränkt sich nicht auf Staaten. Nein, er ist umfassend und damit fordernd. Das ist sehr modern. Nur wenn wir Frieden untereinander in unseren Gemeinschaften üben und eine Gesellschaft schaffen, in der wir Menschen einander friedlich begegnen und den „Frieden als Ganzes" denken, können wir der Gewalt und letztlich auch dem Krieg wirksam begegnen. So weit, so gut.

„Wo Güte und Treue einander begegnen!"

Aber auch in der Güte und Treue steckt mehr drin – und dies bewegt mich aktuell auch stärker, als ich es noch vor zwei oder drei Jahren dachte. Im Psalm heißt es „Treue". Doch auch hier ist das hebräische Wort „emet" vieldeutiger. Es heißt an anderer Stelle übersetzt „Verlässlichkeit" oder „Wahrheit".

Verwenden wir doch „Wahrheit"! Denn der Begriff der „Wahrheit" muss uns heute wichtiger denn je sein. Sie ist genau so bedroht wie der Frieden. Und so gerät der Begriff von einer reinen Tugend zu einem wesentlichen Grundwert. Warum? Die Fakten und damit die Wahrheit preiszugeben, heißt die Freiheit preiszugeben. Wenn nichts mehr wahr ist, dann kann auch niemand die ungerechte, willkürliche Macht kritisieren.

Es gäbe keine Grundlage mehr, von der aus man Kritik üben könnte, fehlt es doch an „Wahrheit" wie „Erkenntnis".

In den Vereinigten Staaten regiert ein Präsident, der es nicht nur mit der Wahrheit nicht genau nimmt. Mehr noch: Donald Trump stellt vorsätzlich die Wahrheit in Frage, gibt nicht mehr die Lüge zu und hat letztlich so Macht erlangt. Nicht nur er: Viele Populisten – auch in unserem Land – nutzen die Verzerrung der Wahrheit, um zu manipulieren und Macht zu erlangen. Hier müssen wir wachsam und achtsam sein. Es ist real und es ist da. Wir müssen es erkennen.

Was für ein Widerspruch! Heute, mit unseren technischen Möglichkeiten und dem globalen Austausch, sozialen Netzwerken und digitalen Medien, verlieren wir den Überblick und damit die Wahrheit. Ganze Heerscharen sind unterwegs und reden uns ihre „Wahrheiten" ein, die Manipulation zum eigenen Vorteil oder gar boshafte Lüge sind. So heißt es: „Dass die einen alles besitzen und die anderen nichts, sei eben der Lauf der Dinge. Da kann man nichts machen." *Ich widerspreche dem!*

Politik – das findet nicht in einem eng gesteckten Rahmen statt. Gute Politik hinterfragt die Systeme und Ordnungen. Gute Politik setzt einen guten Rahmen für eine gelingende Gesellschaft. „Eigentum verpflichtet", heißt es in unserem Grundgesetz, und das bedeutet – größte Erbschaften hin oder her – auch die größten Einkommen und Vermögen müssen ihren gerechten Beitrag leisten. Auch wenn man uns glauben machen will, dass Milliardenerbschaften interne Familienangelegenheiten seien, oder eine so genannte „Initiative soziale Marktwirtschaft" behauptet, es sei sozial, Rentensysteme zu schleifen. *Nein, das ist nicht wahr!*

Nur wenn ich das erkenne, kann ich über Verteilungsgerechtigkeit reden und entscheiden! Wer Frieden in seiner Gesellschaft will, der muss auf die *Wahrheit achten*. Wer Frieden in der Welt will, der muss die *Wahrheit achten* und *sie beschützen*. Nicht nur, aber auch Kriege beginnen mit der Unwahrheit. Ganze Gesellschaften zerbrachen und zerbrechen an der Lüge.

Der Weg in den Unfrieden führt über die Auslöschung der Wahrheit. Denn die Wahrheit ist der Schlüssel, um die Tyrannei und den Unfrieden auf der einen Seite sowie die Freiheit und Frieden auf der anderen Seite voneinander deutlich zu unterscheiden.

Wahrheit – was bedeutet dies für das Verständnis des Psalms 85,11 heute und jetzt?

„Güte" – häsäd/chesed – wird übersetzt mit „Freundlichkeit, Güte, Gnade", aber auch mit „Liebe". „Häsäd" beruht auf „Verlässlichkeit" und Gegenseitigkeit in Form der „Solidarität".

Also lese ich den Psalm 85, 11 so: „auf dass *Liebe* und *Wahrheit* sich begegnen!" – sonst wird das nichts mit dem Frieden und der Gerechtigkeit.

Wandel unseres Blicks auf den Frieden

Liebe Freundinnen und Freunde,

unser Blick auf den Frieden hat sich gewandelt. Zum Glück. Aber es war leider kein roter Faden vom hebräischen Verständnis des Friedens zum umfassenden Friedensverständnis heute. Wir kommen aus einer Zeit – vor kurzem! – in der Krieg und Gewalt ein „Normalzustand" waren und der Frieden nur die Unterbrechung der üblichen Gewalt und des üblichen Mittels Krieg.

Zwar wandelte sich bereits im römischen Reich der Friedensgedanke. Pax romana! Doch dieser Friede war nur eine mit Gewalt durchgesetzte Aufhebung des Kriegszustandes. Es galt: Jeder, der sich unter die Herrschaft des Kaisers begab, genoss Schutz vor äußeren Angreifern. Der Preis solcher Schutzherrschaft? Die bedingungslose Unterwerfung der Schutzsuchenden. Gerechtigkeit? Nein, im Gegenteil: Das war ein ungerechter Friede!

Mit dem Christentum entstand eine anders geartete Friedensidee in Europa. Und der neue Gott hat nichts mehr gemein mit den streitbaren Göttern der Antike. Gott als „Gott des Friedens", und sein zur Erlösung der Menschen auf die Welt herabgeschickter Sohn ist der „Friedensfürst". Vereinbart wurde, dass jeder, der an ihn glaubt, darum einer persönlichen Friedenspflicht unterliegt, die jeder Form von Gewalt entsagt.

Frieden soll herrschen – in jedem einzelnen Menschen, im Verhältnis der Menschen untereinander und in der Gemeinschaft mit Gott.

Doch es kamen die Erfahrungen vieler Kriege und zweier Weltkriege, denen wir zum Ende des Jahres 2018 beispielsweise mit Blick auf den November 1918 gedachten. Und nach dem Zweiten Weltkrieg kam es zur Schaffung der einzigartigen Vereinten Nationen und der bahnbrechenden Entscheidung, dass zwischen den Staaten Souveränität und Gewaltfreiheit zu herrschen haben. Die Herrschaft des Rechts! Da steckt Gerechtigkeit drin!

Es war eine neue Grundlegung. Nicht mehr die Abwesenheit von Krieg definiert den Frieden. Sondern der Frieden ist der Normalzustand und der Krieg ist zu ächten.

Offenes Wort: Es gab sicher auch andere Gründe, wirtschaftlicher Natur zum Beispiel. Das bekannte Zitat des griechischen Philosophen Heraklit lautet: „Der Krieg ist der Vater aller Dinge!" Heute, und ich meine seit den 50er Jahren, muss es lauter denn je heißen: „Der Krieg ist das Ende aller Dinge" – umso mehr angesichts der jederzeitigen atomaren Mehrfachvernichtung unserer Welt.

Ja, nach dem nächsten großen Krieg ist das „Nichts". Und sollte hiernach doch noch einmal ein Buch geschrieben werden, so hieße es zu Recht an seinem Anfang: „Die Erde aber war wüst und leer."

Das ist leider keine Geschichtserzählung. Denn die heutige Kündigung des Verbots der Stationierung von atomaren Mittelstreckenraketen und ihrer technischen Weiterentwicklung ist nur wenige Tage alt. Ein weiteres Kapitel der Geschichte des Unfriedens und des Krieges wird gerade vor unseren Augen geschrieben. Wir sehen, die Bedrohung durch immer stärkere Waffen. Doch immer mehr Waffen schaffen ihn offenbar nicht, den Frieden. Der Friedensnobelpreisträger Willy Brandt erkannte diese innere Ordnung als er sagte: „Frieden ist nicht alles, aber ohne Frieden ist alles nichts." Das ist mir wichtig. Und eine Einordnung. Doch die Lösung und der Schlüssel müssen woanders liegen.

Frieden untereinander – vom Einzelnen zu den Staaten: Es ist der Mensch und sein Tun und Verantwortung.

Ich habe in Vorbereitung auf heute einen Brief Anne Franks an ihre Freundin Kitty gefunden. Anne Frank, gestorben im Konzentrationslager Bergen-Belsen – eines der zahllosen Opfer des Nationalsozialismus. Sie schrieb:

Liebe Kitty,

(...) Du kannst Dir sicher denken, wie oft hier verzweifelt gefragt wird: „Wofür, oh, wofür nützt nun dieser Krieg? Warum können die Menschen nicht friedlich miteinander leben? Warum muss alles verwüstet werden?" Diese Frage ist verständlich, aber eine entscheidende Antwort hat bis jetzt noch niemand gefunden. (...) Ich glaube nicht, dass der Krieg nur von den Großen, von den Regierenden und Kapitalisten gemacht wird. Nein, der kleine Mann ist ebenso dafür. Sonst hätten sich die Völker doch schon längst dagegen erhoben!

Anne Frank schrieb:

„Der kleine Mann ist ebenso dafür. Sonst hätten sich die Völker doch schon längst dagegen erhoben!"

Anne Frank erinnert uns an etwas sehr Wichtiges. Dass es jeder einzelne Mensch ist, der den Krieg ermöglicht oder den Frieden nicht erreichen will. Umgekehrt: Jeder von uns kann dafür oder dagegen sein. Für den Frieden.

Diese Gedanken gehören zusammen. Die Geschichte des

Mittelalters und der ungerechte Frieden, die christlichen Friedensgedanken, die Erfahrungen der Kriege, die Worte der Bibel, die Hinweise Anne Franks und die aktuelle Erfahrung der hochgerüsteten, unfriedlichen Welt.

Es gibt ihn nicht, den gerechten Krieg.

Paradoxerweise gibt es ihn, den *ungerechten Frieden* ebenso wie den *gerechten Frieden*.

Denn ein Frieden ohne Gerechtigkeit, ist nur ein scheinbarer Friede. Und niemand kann sagen: „Das betrifft mich nicht. Das ist anderer Leute Sache." Durch Gerechtigkeit – im Kleinen und im Alltäglichen – üben wir zumindest den sozialen Frieden.

Ich komme auf „Shalom" – den, so nenne ich ihn, „weiten Frieden" – zurück. Dieser Frieden geht aus von den innergesellschaftlichen Verhältnissen, umfasst den sozialen Frieden – und ob soziale Gerechtigkeit herrscht. Für mich als Sozialdemokraten ist die Bedeutung der „sozialen Gerechtigkeit" entlang der Grundwerte Freiheit, Gerechtigkeit und Solidarität keine Leerformel. Jeder Mensch kann jeden Tag den Frieden ermöglichen und ihn jeden Tag etwas möglicher machen. Aber man kann ihn nicht nur am Wahltag irgendwo bestellen und sagen: „Das reicht jetzt aber."

Wir beobachten eine Welt, in der Konflikte zunehmen innerhalb der Gesellschaften. Verteilungsgerechtigkeit ist ein bereits genanntes Stichwort. Aber nicht nur global.

Uns geht es ja gut! Doch wie ist es in Deutschland heute? Stetes Wirtschaftswachstum! Gleichzeitig die Zunahme prekärer

Beschäftigung, die Sorge um die Arbeit und die Umwelt. Und immer weniger Menschen können schritthalten oder teilhaben am gesellschaftlichen Mehr. Die Wohnung teurer, die Klassenfahrt unbezahlbar, der Kinobesuch nicht möglich.

Auch das hat mit sozialem Frieden zu tun! Ja, zentraler denn je. Denn Ungleichheit ist der größte Sprengstoff im 21. Jahrhundert. Zwischen sozialen Gruppen. Zwischen den Geschlechtern. Ebenso wie zwischen den Staaten. Zwischen den Menschen, die viele Chancen haben, darauf ihr Leben frei und selbstbestimmt zu verwirklichen, und den Menschen, die keine Chance haben, weil sie zu wenig haben und es keine Macht mehr gibt, die sie schützt.

Warum lassen wir es zu, dass in einem so reichen Land wie Deutschland Kinder in Armut aufwachsen? Haben wir nicht gerecht genug verteilt?

Warum nehmen wir es gleichgültig hin, dass Menschen sich auf den Weg durch die Gefahren des Mittelmeers zu uns aufmachen, weil sie politisch verfolgt werden oder schlichtweg keine Perspektive in ihrem Heimatstaaten haben?

Damit ist es eine Frage der Gerechtigkeit, über die zunehmende Ungleichheit zu sprechen und sie in den Mittelpunkt der Politik zu rücken. Die obszöne Verteilung des Reichtums, so dass heute 26 Superreiche genau so viel haben wie die gesamte ärmere Hälfte der Weltbevölkerung, darf nicht unwidersprochen bleiben und erst recht nicht ungelöst. Erst durch gerechte Steuern auf Einkommen und Vermögen begegnen wir dem und sorgen zugleich für ein gerechtes, ausreichend finanziertes wie leistungsfähiges Gemeinwesen.

Und aus dem Kampf für soziale Gerechtigkeit in jeder Gesellschaft ist ein Kampf gegen die zunehmende Ungleichheit in der Welt und in den Gesellschaften zu machen. Wer Gerechtigkeit will, darf die Gleichheit nicht vergessen und muss der Herausforderung der Sprengwirkung immer größerer Ungleichheit begegnen. Der muss den Staat als handlungsfähige Ebene stark machen und für eine kritische Gesellschaft sorgen, die ein Seismograf der Unwuchten sein muss und die Wahrheit wie die Schwächsten ihrer Mitglieder schützt. Und das bedeutet nicht Gleichmacherei, sondern die Augen nicht davor zu verschließen, dass in der Mitte unserer Gesellschaften die Fliehkräfte zunehmen und dies Wirkungen auf den Frieden hat. Im Innern wie im Äußern.

Da ist er: Der Kampf von Frieden und Gerechtigkeit, die sich küssen können, indem sie sich vereinen. Wir sind eben nicht allein. So wie wir leben, erzeugen wir Wirkungen in anderen Teilen unserer Welt. Wie wir konsumieren. Wie wir reisen. Wie wir leben. Konkret: Wie wir Gerechtigkeit untereinander üben. Wie wir mit dem Nächsten umgehen.

Die Globalisierung ist die Herausforderung unserer Zeit. Wie lange nehmen wir noch hin, dass diese Globalisierung nicht gerecht ist? Diese Globalisierung muss mehr Gerechtigkeit für alle bedeuten und nicht nur Reichtum für wenige und Sorgen und Nöte für viele – oder gar Zerstörung ihrer Heimat und Umwelt.

Und so wird diese, unsere Gerechtigkeit konkret, für die wir jeden Tag streiten und sorgen können. Es wäre der soziale Friede nicht nur im Innern unserer Gesellschaft. Dies ist nur der Beginn. Wir brauchen eine Keimzelle, um die gesamte

Weltgesellschaft sozialer und gerechter zu machen und damit Frieden erst zu ermöglichen.

Liebe Freundinnen und Freunde,

der Glaube, dass Gott uns ein Leben in Gerechtigkeit verspricht, will uns dafür bereit machen und uns die Augen öffnen. So können wir im Hier und Jetzt Ihn erfahren und wissen, woran wir unser Handeln ausrichten können. Ganz bestimmt ist es aber auch eine Verpflichtung, im Hier und Jetzt für die Gerechtigkeit einzutreten. Also eine zutiefst protestantische Sicht auf das Thema, das keine Verlagerung in ein wie auch immer geartetes jenseitiges Paradies duldet.

Wo wir für den gerechten Frieden streiten können, müssen wir streiten. Wo und wie wir ihn leben können, müssen wir ihn leben. Die von mir eingeordneten Grundwerte Wahrheit und Liebe, Gerechtigkeit und Frieden bedingen einander. Sie müssen zueinanderkommen, um eine lebenswerte Gemeinschaft zu bilden, in der Frieden möglich wird und dann auch herrscht und stets aufs Neue verteidigt wird.

Es heißt in Jesaja 32, 17: *„Das Werk der Gerechtigkeit wird Friede sein und der Ertrag der Gerechtigkeit sind Ruhe und Sicherheit für immer.“*

Amen.

„Wir wollen einen handlungsfähigen Staat, der nicht immer mehr öffentliche Aufgaben zum Privatvergnügen weniger Privilegierter umetikettiert, die sich Normalsterbliche nicht leisten können. Wir wollen, dass der Grundsatz wieder gilt: Starke Schultern tragen mehr als Schwache."

Als am 29. März 2019 die Präsidien der NRWSPD und der SPD Hessen in Bonn zu einer gemeinsamen Sitzung zusammenkamen, war auch der heutige Parteivorsitzende Norbert Walter-Borjans Teilnehmer. Er war maßgeblich an dem Steuer- und Finanzkonzept *Handlungsfähigkeit stärken – Solidarität erneuern: Für einen starken solidarischen Staat!* beteiligt, das wir auf dem Treffen einstimmig beschlossen haben. Gemeinsam haben wir im *Vorwärts* erläutert, dass ein solidarisches Miteinander eine auskömmliche finanzielle Ausstattung des Gemeinwesens benötigt. Auf dem Landesparteitag der NRWSPD im September 2019 wurde der Beschluss bestätigt und auch auf dem Bundesparteitag im Dezember 2019 konnten wir letztlich viele unserer Forderungen durchsetzen. Angesichts von Konjunkturpaketen und Corona-Krise im Jahr 2020 sehen wir, wie grundlegend und wichtig das war.

Die NRWSPD macht Dampf: für einen starken solidarischen Staat

Gastbeitrag mit Dr. Norbert Walter-Borjans im Vorwärts
(Ausgabe 2/2019)

Es ist an allen Ecken und Enden zu spüren: Unsere öffentliche Infrastruktur ist in die Jahre gekommen. Wir müssen dringend in Brücken, Straßen und Schulen investieren, und wir brauchen auch mehr Erzieher, mehr Lehrerinnen und Polizistinnen, die für ihre gute Arbeit angemessen bezahlt werden. Zugleich nehmen wir eine zunehmende Unwucht in unserer Gesellschaft wahr, wir erleben Abstiegsangst und Druck bis weit in die Mittelschicht hinein.

Das alles in einem Deutschland, das zu den reichsten Staaten zählt, aber gleichzeitig zu den Industrienationen mit der größten Vermögensungleichheit. Nach einer aktuellen Oxfam-Studie verfügt das reichste Prozent der Bevölkerung über genauso viel Vermögen wie die 87 ärmeren Prozent. Wenn sich aber Einkommen und Vermögen auf einen zunehmend kleiner werdenden Teil der Gesellschaft konzentrieren, gefährdet das auf Dauer das Zusammenleben aller – und es ist volkswirtschaftlich kontraproduktiv. Wir Sozialdemokratinnen und Sozialdemokraten wissen, dass unser Wohlstand auf Bildungsfortschritten, auf Investitionen in die Ausbildung und auf sozialem Zusammenhalt fußt – und nicht auf der Religion von Reichtum und Ungleichheit, wie es der französische Wirtschaftswissenschaftler Thomas Piketty nennt.

Ein solidarisches Miteinander braucht eine auskömmliche finanzielle Ausstattung des Gemeinwesens. An dessen Finanzierung müssen sich alle angemessen beteiligen. Aber gerade das ist aus dem Lot geraten. Die hessische und die nordrhein-westfälische SPD haben Ende März daraus Konsequenzen gezogen und in Bonn ein Steuerkonzept vorgestellt – für einen starken und solidarischen Staat.

Wir wollen einen handlungsfähigen Staat, der nicht immer mehr öffentliche Aufgaben zum Privatvergnügen weniger Privilegierter umetikettiert, die sich Normalsterbliche nicht leisten können. Wir wollen, dass der Grundsatz wieder gilt: Starke Schultern tragen mehr als Schwache. Die Aussetzung der Vermögenssteuer und die drastische Senkung des Spitzensteuersatzes haben die wirklich Reichen entlastet. Die Einnahmenausfälle hat die große Mehrheit der Klein- und Mittelverdiener mit der erhöhten Mehrwertsteuer aufgefangen. Mega-Erbschaften sind dagegen praktisch von der Erbschaftssteuer befreit. Diese Privilegierung von Vermögenserwerb ohne eigene Leistung ist ein Schlag ins Gesicht für Millionen von Erwerbstätigen, die sich für den Lohn ihrer Arbeit abmühen und Steuern zahlen.

Dazu kommt, dass jedes Jahr ein dreistelliger Milliardenbetrag ins Ausland geschleust oder hier im Land selbst abgezweigt wird. Im Ergebnis zahlen auch hier die Normalverdiener für einen kleinen Kreis besonders Wohlhabender mit. Damit muss Schluss sein!

Die SPD steht schon lange ein für die konsequente Bekämpfung von Steuerbetrug und Steuervermeidung: Deshalb haben wir mit der hessischen SPD konkrete Schritte vereinbart, um Schlupflöcher zu schließen und Steuerbetrug wirksam zu bekämpfen. Wir in Nordrhein-Westfalen haben in unserer Regierungszeit bewiesen, dass vieles geht, wenn man es nur anpackt.

Wir wollen die Konservativen und Liberalen mit ihrem Mantra von der „Leistung, die sich wieder lohnen muss" künftig noch konsequenter beim Wort nehmen und darüber streiten, wer alles zu den Leistungsträgern in unserem Land gehört – von der Pflegekraft über das Lehrpersonal bis zum Industriearbeiter, vom Software-Entwickler bis zum Firmenchef. Wir wollen aber auch für alle die Voraussetzungen schaffen, dass sie auch morgen ihre Leistung erbringen können und dafür fair bezahlt und fair besteuert werden.

Dazu brauchen wir dringend eine Neujustierung der geltenden Steuerregeln, auch jener, die wir einmal in bester Absicht mit auf den Weg gebracht haben. Zur Glaubwürdigkeit der Politik gehört auch die Fähigkeit zur Kurskorrektur in sich ändernden Zeiten.

„Wir können den Kampf aufnehmen gegenüber dem Sprengstoff unserer Zeit. Das ist die ungleiche Verteilung von Einkommen und Vermögen. Das bedroht den Wohlstand in allen Teilen dieser Welt. Und wenn größte Einkommen und größte Vermögen nicht endlich ihren Beitrag dazu leisten, dann verpassen wir eine zentrale Frage dieser Zeit zu beantworten.“

Am 23. März 2019 fand in Berlin der Europakonvent der SPD statt. Hier wurde eine Agenda für die Wahlen zum Europäischen Parlament am 26. Mai 2019 beschlossen. Zentrale Forderungen für das Wahlprogramm waren die Einführung eines europaweiten Mindestlohns und höhere soziale Standards für die gesamte Europäische Union. Denn ein geeintes Europa erreichen wir nur, wenn die Staaten wirtschaftlich nicht weiter auseinanderdriften. Ein Anliegen, das mir persönlich sehr wichtig ist und das auch die NRWSPD zur Europawahl eingebracht hat, ist eine faire Digitalsteuer für große Internetkonzerne. Es ist in höchstem Maße unfair, einen beträchtlichen Anteil des Umsatzes in Deutschland zu erwirtschaften und zugleich vom Gemeinwesen zu profitieren, sich aber in keiner Weise an der Finanzierung dieses Gemeinwesens zu beteiligen. Jeder kleine Handwerkerbetrieb zahlt einen größeren Anteil seines Gewinns als Steuer als Amazon, Google und Co. Hier ist die Linie der gesamten deutschen Sozialdemokratie klar: Eine angemessene Digitalsteuer muss über kurz oder lang kommen, am besten auf globaler Ebene, im Zweifel aber auch europäisch.

Vom digitalen und vom demokratischen Kapitalismus

Rede auf dem SPD-Europakonvent in Berlin, 23. März 2019

Liebe Genossinnen und Genossen,

es ist gut, dass in diesem Wahlprogramm als allererstes das Thema Steuergerechtigkeit und fairer Wettbewerb aufgerufen wird. Weil das zusammengehört: ein einiges Europa und handlungsfähige Staaten, die auf Steuern angewiesen sind. Das mag sich anhören, als ob es nur Technik sei oder nur ein Paragraphentext, der geändert wird, aber, liebe Genossinnen und Genossen, das ist viel mehr. Das ist aus meiner Sicht der zentrale Kampf, den wir Genossinnen und Genossen führen müssen für eine gerechte Welt. Und wir Sozialdemokratinnen und Sozialdemokraten können selbstbewusst sagen: „Die einen, die reden darüber, wir benennen das Problem. Und wir haben eine Lösung." Wir haben einen genauen Plan und es ist jetzt endlich ein guter Dreiklang gefunden worden, liebe Genossinnen und Genossen. Es ist gestern Abend noch daran gefeilt worden. Deshalb sage ich aus NRW. Es ist eine gute Lösung gefunden worden, dass wir erst auf globaler Ebene handeln wollen mit Mindeststeuern, und wenn das nicht gelingt, dass wir die fortschrittswilligen Staaten Europas zusammen bringen wollen, und selbst wenn das nicht gelingen sollte, dann sollten wir als Nationalstaat vorangehen und auch mit Partnern wie Frankreich, Österreich, Spanien und anderen. Es kann nicht sein, dass die größten Konzerne der Welt sich nicht daran beteiligen, dass unser Gemeinwesen fair und gerecht finanziert wird. Und das muss eine zentrale Frage für uns Sozialdemokratinnen und Sozialdemokraten sein.

Aber es ist noch mehr, liebe Genossinnen und Genossen, denn wir können darüber nicht nur dafür sorgen, dass Staaten endlich wieder über Handlungsfähigkeiten und endlich wieder über faire Einnahmen verfügen. Wir können vor allem den Kampf aufnehmen gegenüber dem Sprengstoff unserer Zeit. Das ist die ungleiche Verteilung von Einkommen und Vermögen. Das bedroht den Wohlstand in allen Teilen dieser Welt. Und wenn größte Einkommen und größte Vermögen nicht endlich ihren Beitrag dazu leisten, liebe Genossinnen und Genossen, dann verpassen wir eine zentrale Frage dieser Zeit zu beantworten.

Wir sollten uns auf eines besinnen, liebe Freundinnen und Freunde. Wir bestimmen demokratisch diese Regeln. Es gibt keinen freieren, keinen größeren, keinen rechtsstaatlicher verfassten Markt als die Europäische Union. Und deshalb sage ich euch, liebe Genossinnen und Genossen, lasst uns endlich aus diesem digitalen Kapitalismus einen demokratischen Kapitalismus machen und das war mal die soziale Marktwirtschaft und da müssen wir wieder hin, liebe Freundinnen und Freunde.

Und dazu gehört es auch zu sagen: Es geht um mehr als nur um die Steuern. Es geht darum, dass die vier apokalyptischen Reiter der Globalisierung – Facebook, Apple, Amazon und Google – endlich dafür sorgen, dass nicht nur Steuern gezahlt werden, sondern dass auf Datenschutz geachtet wird, dass auf soziale Standards geachtet wird und dass wir auch hohe Umweltstandards, von Deutschland ausgehend, in allen Teilen der Welt sicherstellen wollen. Und damit werden wir Sozialdemokratinnen und Sozialdemokraten eine zentrale Gerechtigkeitsfrage eben nicht nur national beantworten. Denn es kann nicht sein, dass Globalisierung nach wie vor Reichtum für wenige und Armut und Ungerechtigkeit für viele bedeutet.

Genossinnen und Genossen, Globalisierung muss Gerechtigkeit für alle bedeuten, und dafür ist die richtige Ebene die Europäische Union, denn das können wir nicht als Nationalstaaten alleine, das können wir nur zusammen, liebe Genossinnen und Genossen.

Da ist das Rückgrat eines starken solidarischen Europas auch ein handlungsfähiger Staat und damit das in Deutschland gelingt und in Europa gelingt, lieber Olaf, wirst du uns an der Seite haben, wenn du das durchsetzt. Und ich finde, dass das Datum Januar 2021 ein sehr gutes Datum ist. Lasst uns dafür kämpfen, liebe Genossinnen und Genossen. Für ein Europa der Menschen und nicht der Märkte.

Glückauf!

„Im Mittelpunkt der Sozialunion muss die humane Gestaltung der Arbeit stehen. Sie ist Schlüssel zu einem gelingenden, selbstbestimmten Leben und steht durch die digitale Transformation der Dienstleistungsbranchen und der Industrie vor einem epochalen Umbruch. Arbeit ist das verbindende Element in einer fragmentierten Gesellschaft. Die Zukunft der Arbeit gesamteuropäisch zu gestalten, würde die Kölner Grafikdesignerin mit dem niederländischen Krankenpfleger und dem französischen Solo-Selbstständigen verbinden."

Der 1. Mai 2019 stand ganz im Zeichen der Europawahl vom 26. Mai. So lautete das Motto des DGB *Europa. Jetzt aber richtig!* und der Tag der Arbeit wurde zum Tag der „europäischen Solidarität" erklärt. In einem Gastbeitrag für den Kölner Stadt-Anzeiger anlässlich des Tages der Arbeit skizzierte ich eine europaweite Gesamtstrategie für eine Sozialunion, die die Arbeit der Zukunft und den digitalen Wandel gerecht und nachhaltig gestalten soll.

Digital-Wandel öffentlich finanzieren

Für eine europaweite Gesamtstrategie, um regionale Arbeitsplätze krisenfest zu machen

Gastbeitrag für den Kölner Stadt-Anzeiger, veröffentlicht am 2. Mai 2019

Ob Trumps plumpes „America First" oder Chinas Staatskapitalismus: Europas Wirtschafts- und Gesellschaftsmodell ist gefordert wie nie. Patente, Datenschutz, Arbeitnehmerrechte und ökologische Standards – alles nur Verhandlungsmasse? Nein. Europa ist nicht am Ende. Es ist aber höchste Zeit, ein neues, selbstbewusstes und souveränes Europa zu schaffen.

Der DGB erklärt den diesjährigen Tag der Arbeit zum Tag der „europäischen Solidarität". Gut so, denn gute, sichere Arbeit ist nur im Rahmen Europas und der Solidarität erreichbar. Das heißt auch: Europa braucht ein neues Wirtschaftsmodell. Schluss mit der Konkurrenz bei Arbeitnehmerrechten und sozialen Standards. Weltweite Trends der Globalisierung und der Digitalisierung sind eben nicht gottgegeben oder unveränderbar. Sie sind politisch gestaltbar, aber schon lange nicht mehr im nationalen Alleingang. Wohl aber im europäischen Zusammengang, denn die EU könnte zum Bollwerk gegen die negativen Auswüchse der Globalisierung werden und so den digitalen Wandel der Arbeit menschlich gestalten.

Die EU kann ihre Regeln selbstbewusst setzen. Sie ist einer der attraktivsten und größten Märkte der Welt und könnte den Kampf mit dem digitalen Kapitalismus aufnehmen, um ihn zum demokratischen Kapitalismus zu machen. Unser gemeinsames europäisches Druckmittel: Zugang zum europäischen Markt nur, wenn unsere Arbeits- und Umweltbedingungen beachtet werden. Einheitliche europäische Regeln, demokratisch durch Parlamente gesetzt, wie etwa eine Digitalsteuer für Internetgiganten oder ein höchster privater Datenschutz, wären weltweite neue Goldstandards. Die Aufgabe für die Kommission? Eine „EU-Kommissarin für eine demokratische Wirtschaft" benennen.

Im Mittelpunkt der Sozialunion muss die humane Gestaltung der Arbeit stehen. Sie ist Schlüssel zu einem gelingenden, selbstbestimmten Leben und steht durch die digitale Transformation der Dienstleistungsbranchen und der Industrie vor einem epochalen Umbruch. Arbeit ist das verbindende Element in einer fragmentierten Gesellschaft. Die Zukunft der Arbeit gesamteuropäisch zu gestalten, würde die Kölner Grafikdesignerin mit dem niederländischen Krankenpfleger und dem französischen Solo-Selbstständigen verbinden.

Dazu gehört es, den digitalen Wandel öffentlich zu finanzieren und menschlicher zu gestalten. Warum kein „Transformations-Kurzarbeitergeld" als Teil einer europaweiten Gesamt-Strategie, um regionale Arbeitsmärkte krisenfest zu machen? Wir brauchen einen Fonds „Digitalisierung der Wirtschaft und gute Arbeit": Eine soziale Nachhaltigkeitsstrategie, ergänzt um einen Pakt der europäischen Wirtschaft mit den Gewerkschaften, hohe Sozial- und Umweltstandards, gerechte Verteilung der Rendite zwischen Kapital und Arbeit, verbunden mit höchsten Datenschutzstandards — das alles ist europäisch besser realisierbar als nur national. Eben mehr Gerechtigkeit durch mehr Nachhaltigkeit — europaweit.

Am 26. Mai sind die Bürger aufgerufen, ein neues EU-Parlament zu wählen. In einer rauen Welt ist ein starkes, demokratisches, friedliches und soziales Europa die beste Antwort.

*„Wir rücken das Leben, die Fragen und Sorgen jedes Einzelnen und
der Vielen der solidarischen Mitte in unserem Land neu ins Zentrum
unserer Politik. (…) Wir machen das Angebot eines starken, eines
solidarischen Staates (…), der im Auftrag der Ehrlichen und Fleißigen
dafür sorgt, dass es wieder gleichen und gerechten Zugang zu Arbeit
gibt, der die Infrastruktur repariert, für Aufstiegschancen für alle sorgt
und Sicherheit organisiert und klare Regeln setzt. Wir investieren in
die Zukunft (…) und schaffen neuen Zusammenhalt. Die Gesellschaft,
die wir wollen (…), fußt auf neuer Solidarität und Sicherheit für jeden
Einzelnen."*

Der Landesparteitag der NRWSPD am 21. September 2019 war der erfolgreiche Abschluss eines ambitionierten Programmprozesses. In
nur 15 Monaten haben wir in unserem sogenannten „Rot pur"-Pro-
zess gemeinsam im Landesvorstand, mit unseren Mitgliedern in den
Unterbezirken und Arbeitsgemeinschaften sowie mit Expertinnen und
Experten aus Gewerkschaften, Verbänden, Wirtschaft und Wissenschaft neue Ideen und Antworten entwickelt: für bezahlbares Wohnen,
für eine sichere Rente, für den Aufstieg für alle durch Bildung und
für viele andere Themenfelder. Der Erfolg dieser grundlegenden Neu-
ausrichtung zeigte sich nicht zuletzt darin, dass viele unserer Ideen
und Antworten Einzug in die bundespolitische Programmgestaltung
fanden. In meiner Rede auf dem Landesparteitag blickte ich zurück
auf den Programmprozess und stellte unser neues, sozialdemokratisches Angebot in Nordrhein-Westfalen vor – „Rot pur" eben oder
wie es auf dem Landesparteitag hieß: „Unser Versprechen: Für eine
solidarische Zukunft."

Unser Versprechen: Entschlossen für eine solidarische Zukunft

Rede auf dem Landesparteitag des SPD-Landesverbands Nordrhein-Westfalen in Bochum, 21. September 2019

Ein langer Weg. Wir wussten es von Anfang an. Es wird ein langer Weg.

Zu neuer Stärke! Zu neuem Vertrauen!

Denn unsere SPD, wir, wir haben Vertrauen verloren. Und jeder von uns weiß aus eigener Erfahrung, wie schwer es ist, Vertrauen wiederzugewinnen und verlorenes Vertrauen wieder aufzubauen.

Unser Parteitag heute hier in Bochum, er kann nur Etappe sein. Aber er ist ein entscheidender Meilenstein, um endlich neues Vertrauen und neue Zuversicht zu gewinnen und vor allen Dingen, um unsere Positionen zu klären, liebe Genossinnen und Genossen.

Ich bin mir aber sicher: Wir haben eine Chance. Zusammen werden wir das hinbekommen. Und wir haben noch verdammt viel vor, liebe Genossinnen und Genossen.

Liebe Genossinnen und Genossen,
liebe Freundinnen und Freunde der Sozialdemokratie,
liebe Gäste,
liebe Vertreter der freien und unabhängigen Medien, wir, die

nordrhein-westfälische SPD, sind fest entschlossen, eine solidarische Zukunft zu gestalten.

„Lasst uns endlich anfangen, wieder sozialdemokratische Politik zu machen!", so habe ich es von dieser Stelle vor mehr als einem Jahr uns zugerufen und wir haben es verabredet. Wir setzten mit einem motivierten Team gemeinsam die Segel neu mitten in der schwersten Umbruchphase der Sozialdemokratie auf Bundes- und auf Landesebene.

Aber wir rücken die Alltagssorgen der Menschen, der Vielen, der Ehrlichen, der solidarischen Mitte unserer Gesellschaft neu in das Zentrum unserer Politik.

Denn es geht heute in unserem Antragspaketen nicht um ein bisschen Kosmetik – nein! –, wir stellen uns grundlegend neu auf. Es geht um neue Ideen für bezahlbares Wohnen, für eine sichere Rente, für den Aufstieg für alle durch Bildung.

Wir geben klare Antworten, liebe Genossinnen und Genossen, und machen ein neues, sozialdemokratisches Angebot.

Wir setzen die Segel auf „Rot pur"!

Und diese Ideen, liebe Genossinnen und Genossen, die haben wir zusammen erarbeitet. Zusammen erarbeitet in dem Rot pur-Prozess, den Nadja Lüders benannt hat. In diesen fünfzehn Monaten. Aber nicht nur im Landesvorstand, sondern mit den Mitgliedern in den Unterbezirken, in den vielen Arbeitsgemeinschaften, auf vielen Veranstaltungen, mit den Vielen, die Mitglieder und Freunde der Sozialdemokratie sind.

Deswegen danke ich an dieser Stelle, für uns alle stellvertretend, dem Landesvorstand und den stellvertretenden Vorsitzenden, die diesen Prozess für uns gestaltet haben. Und ich finde, Genossinnen und Genossen, wenn man die Antragspakete sieht: Das kann sich sehen lassen, liebe Genossinnen und Genossen.

Die SPD muss neues Vertrauen und neue Stärke gewinnen: durch eigene Zukunftsideen, durch verständliche Sprache, durch vor allen Dingen überzeugtes Handeln und Konsequenz auch derjenigen, die gemeinsam Führungsverantwortung tragen.

Weswegen sage ich es? Es ist die Zeit der Bessermacher, nicht der Besserwisser am Wegesrand, die doch nichts tun.

Dafür brauchen wir neue Allianzen mit den Gewerkschaften und den fortschrittlichen Kräften in den Verbänden, in den vielen Organisationen und Vereinen.

Dir, liebe Anja Weber, danke ich stellvertretend für die gute Zusammenarbeit im neu gegründeten Gewerkschaftsrat. Wir haben uns ein Programm gegeben, wir haben uns verabredet, wir haben uns gemeinsam auf den Weg gemacht. Herzlichen Dank, liebe Anja Weber!

Ein herzliches Willkommen in der Tat auch an Michael Scheffler, den Chef der AWO Westliches Westfalen, der ja später noch ein Grußwort hält zu 100 Jahren AWO. Ich glaube, die Gründerin der Arbeiterinnenwohlfahrt – wie man sagen darf, im hundertsten Jahr der Arbeiterwohlwahrt – Marie Juchacz, die verbindet uns mehr denn je. Ist gut, dass Du, lieber Michael Scheffler, heute bei uns bist und uns das Motto der Solidarität verbindet.

Kampf gegen Rechts

Genossinnen und Genossen, reden wir nicht drum herum: Dieses gesellschaftliche Klima und diese scheinbar wahnsinnige, hektische Zeit, sie machen es uns nicht leicht. Nationalismus und Hass sind auf dem Vormarsch. Nicht abstrakt, sondern in jedem Landtag dieser Republik, nicht nur auf Facebook, sondern auf Marktplätzen, in den Vereinen, in den Betrieben. Die Sprache wird hart und die Herzen mancher Mitbürger kalt und braun.

Die Herausforderung durch den Rechtsextremismus ist deswegen real, weil er die Sorgen und Nöte der Menschen aufnimmt – aber der Kampf gegen Rechts ist mehr als Pflicht! Und wir wissen: Sie lösen keines der Probleme. Die Rechtsextremisten, sie schüren nur Ängste und versuchen die Gesellschaft zu spalten.

Wir haben es auch gesagt: Hass baut keine Wohnung, Hetze sichert keinen Arbeitsplatz und Spaltung schafft keine Bildungschancen, Genossinnen und Genossen.

Mehr denn je kommt es auf uns Sozialdemokratinnen und Sozialdemokraten an. Wir sind das Rückgrat der Republik, wir sind die Verteidiger der Demokratie. Deswegen stellen wir die AfD und ihre menschenverachtenden Parolen – immer und überall.

Niemals dürfen wir die Feinde der Demokratie in demokratische Ämter wählen. Nicht als Ortsvorsteher, nicht zum Bundestagsvizepräsidenten. Kein Millimeter nach rechts, Genossinnen und Genossen!

Die zugrundeliegende ökonomische Frage

Aber der Kampf gegen Rechts, er darf kein rhetorisches Ritual sein: Wir müssen die vorhandenen Ängste und Sorgen der Menschen im Land ernst nehmen und diese sozialen Probleme grundlegend und anders lösen.

Eine Sozialdemokratie mit Zukunft muss diese Fragen aufgreifen. Es sind: die klaffende Wunde zwischen Arm und Reich, Gerechtigkeit herzustellen zwischen denen, die alle Chancen haben, und denen ohne Chancen, Genossinnen und Genossen.

Denn Ungleichheit ist der Sprengstoff unserer Zeit: Ungleichheit zwischen den Menschen mit unterschiedlichem Einkommen und Vermögen, unterschiedlichen Klassen und Herkunft, aber auch zwischen den Geschlechtern und den Regionen in unserem Land.

Um das zu ändern, brauchen wir einen starken, solidarischen Staat, der massiv in die Zukunft investiert und klare Regeln setzt. Mehr bezahlbare Wohnungen, mehr Sicherheit in allen Stadtvierteln, wieder handlungsfähige Kommunen.

Und, liebe Genossinnen und Genossen, unsere Demokratie und unsere freie Gesellschaft müssen vor der Marktlogik und der scheinbaren Profitgier und diesen Ansinnen geschützt werden. Denn wir sind es, die demokratisch die Regeln setzen müssen, Genossinnen und Genossen! Und das müssen wir heute neu vereinbaren, liebe Genossinnen und Genossen.

Dafür werden wir grundlegend ein paar Sachen anders machen müssen.

Brüche mit der Vergangenheit und neues Ziel

Denn wer Wohnen bezahlbar machen will, der muss Grund und Boden der Spekulantenhand entreißen – und in öffentliche Verantwortung überführen.

Dafür, liebe Genossinnen und Genossen, lasst uns streiten!

Wer Bildung und eine Schule für alle will und damit Aufstieg für alle, der braucht Milliarden an Investitionen, viel mehr gut bezahlte Lehrerinnen und Lehrer, Erzieher, Schulsozialarbeiter.

Dafür, liebe Genossinnen und Genossen, lasst uns auch streiten!

Wer aber das alles will, der muss die Finanzen unseres Staates grundlegend und neu ordnen. Dazu gehört es, größte Vermögen heranzuziehen und die arbeitende Mitte zu entlasten. Mega-Erbschaften in die Verantwortung zu nehmen und die Digitalkonzerne endlich mal heranzuziehen und vor allen Dingen die Steuerbetrüger zu stellen, Genossinnen und Genossen.

Und dafür lasst und streiten!

Wir Sozialdemokratinnen und Sozialdemokraten legen heute die Grundsteine. Doch wir brauchen einen neuen Gesellschaftsvertrag mit der solidarischen Mitte in unserem Land. Wir wollen ein Jahrzehnt der sozialen Innovationen und sozialen Investitionen. Und wir wollen einen „New Deal" in der Mitte unserer Gesellschaft.

Das, liebe Genossinnen und Genossen, soll unser Kurs sein. Wir geben ein Versprechen ab:

„Wir sind entschlossen für eine solidarische Zukunft, Genossinnen und Genossen!"

Heute beenden wir eine erste Etappe auf dem Weg, das Vertrauen der Menschen wiederzugewinnen durch klare Beschlussfassung.

Der Programmprozess

Wir haben eine neue Parteischule gegründet, Nadja hat es gesagt. Wir haben die Kommunalkampa geschaffen – weil wir den Kampf um die Rathäuser aufnehmen wollen. Und zum ersten Mal zusätzliches Personal bereitgestellt, weil wir wissen, um was es geht.

Wir wollen vor allen Dingen dieses Land gestalten, mit vielen Spitzenkandidatinnen und Spitzenkandidaten. Wir wissen, es ist noch ein Jahr bis zur Kommunalwahl und wir werden alles tun, liebe Genossinnen und Genossen, auch auf der Landesebene, dass ihr eure Rathäuser verteidigt und neu erobert. Das sind wir den Menschen im Land schuldig, Genossinnen und Genossen.

Es war ein Beschluss des Leitantrages 2018 – und so haben wir ihn umgesetzt!

Wir haben aber vor allen Dingen auch den Kontakt zu unseren Bündnispartnern in der Gesellschaft neu geschlossen.

Wir haben viele Expertinnen- und Expertengespräche in der Zukunftsdebatte geführt, allen voran nenne ich den Gewerkschaftsrat mit dem DGB und den vielen Einzelgewerkschaften, aber wir haben nach über einem Jahrzehnt auch endlich wieder den Sozialrat der nordrhein-westfälischen SPD neu begründet und eine Rentenkommission geschaffen, die heute sehr gute Vorschläge vorlegen wird. Und auch die wohnungspolitische Kommission hat Vorschläge gemacht, die sich sehen lassen.

Genossinnen und Genossen, auch das war Auftrag des Leitantrags 2018 – und das kann sich sehen lassen!

Wir sind heute in Bochum, um eine klare Botschaft zu senden. Wir werden intensiv debattieren und uns neu vereinbaren. Damit jeder im Land sieht, wofür wir stehen, wofür wir streiten und an welcher Seite wir stehen.

Aber wenn wir ein Ergebnis haben, dann lasst uns nicht weiter um einzelne Spiegelstriche ringen, lasst es uns gemeinsam vertreten, geschlossen nach außen, auch wenn das Ergebnis 60 zu 40 bei mancher Positionierung ausgeht, aber wir sind füreinander verantwortlich.

Und deswegen werden unsere Beschlüsse heute Mehrheit und Minderheit binden! Und das gilt in Zukunft auch nach der Bewertung der Regierungsbeteiligung im Bund und ebenso auch der Frage nach den neuen Vorsitzenden, Genossinnen und Genossen.

Die Frage der Regierungsbeteiligung

Reden wir nicht drum herum!

Die Diskussion um die Regierungsbeteiligung hat uns in den letzten zwei Jahren viel zu oft gehemmt, über die Inhalte zu streiten.

Nur zwei Anmerkungen hierzu: Jedes vorgeschobene Taktieren würde von unseren Wählerinnen und Wählerinnen klar identifiziert, das sollten wir nicht tun. Entweder wir gehen da raus, weil mit der Union nichts mehr geht oder es geht noch genug. Wir haben als nordrhein-westfälische SPD gesagt: Das klären wir zusammen fair mit Gegnern und Befürwortern auf dem nächsten Bundesparteitag. Auch das muss ein Signal von Bochum sein, liebe Genossinnen und Genossen.

Die zweite Sache, die ist mir besonders wichtig: Egal, wo man steht. Aber lasst uns nicht die Beschlusskultur von Mitgliedervoten und dem hohen Lied der Basisbeteiligung blamieren. Denn wir werden über unseren neuen Vorsitzenden ein Votum herbeiführen, eben in einer Mitgliederbefragung.

Bundesvorsitz

Und egal, auch nach den Erfahrungen die wir gemacht haben, was am Ende herauskommt, wer das Duo sein wird, dass unsere SPD führt: Jetzt ist die Stunde der Mitglieder – nicht der Säulenheiligen der Partei – Sankt Proportius und Bruder Klüngelkes, Genossinnen und Genossen.

Die Säle der Regionalkonferenzen, sie platzen aus allen Nähten. Jede Regionalkonferenz in Nordrhein-Westfalen ist über die Maßen gefüllt.

Und wir haben drei spannende Kandidaten aus Nordrhein-Westfalen. Sie haben alle an unterschiedlichen Stellen bewiesen, was sie können, was sie für Ideen haben, und sie haben den Mut und den Ehrgeiz, sich zur Wahl zu stellen. Ich finde, das bedarf der Anerkennung.

Ich möchte, – egal, wer die neuen Vorsitzenden werden –, dass sie sich auf eins verlassen können: Wir werden mit ihnen als nordrhein-westfälische SPD solidarisch sein, auch wenn es vielleicht nicht die eigenen Favoriten waren. Darauf wird man sich in Nordrhein-Westfalen verlassen können, Genossinnen und Genossen.

Gesellschaftsbild und Idee der solidarischen Zukunft

Vieles ist weltweit im Umbruch. Es ist komplexer, es ist schneller, es ist durchökonomisiert.

Bestimmte Grundversprechen, die unsere Gesellschaft lange zusammenhielten, sie funktionieren nicht mehr. Ein Versprechen lautete: „Bemühe dich, sei fleißig – dann wirst du deinen Weg machen, egal, worin dein Glück besteht. Dafür bieten wir dir gleiche Chancen und in der Not fangen wir dich solidarisch auf."

Aber was sagen wir heute eigentlich dem Busfahrer in der Stadt, der die Miete nicht mehr bezahlen kann? Was sagen wir eigentlich der Rentnerin, deren Rente viel zu klein ist und deren Miete viel zu hoch ist, nach einem Arbeitsleben, das Jahrzehnte währte? Oder was der Schülerin, die in dem Problemviertel aufwächst? Oder dem Langzeitarbeitslosen am Vorabend der nächsten Wirtschaftskrise?

Ich finde, Genossinnen und Genossen, das sind doch keine Probleme von Einzelnen. Es sind die Sorgen und Ausdruck wachsender Ungleichheit mitten im Land, und es ist vor allen Dingen Ausdruck des Rückzugs des Staates. Es sind die Sorgen der solidarischen Mitte in unserem Land, für die wir Politik machen wollen. Und das ist unser erster Auftrag, Genossinnen und Genossen.

Wir geben ihr heute neue Antworten, und wir bestimmen den Kurs neu und werden uns an die Seite dieser Menschen im Land stellen, und auf uns soll neuer Verlass sein, Genossinnen und Genossen. Es geht im Kern um den Entwurf einer neuen

Zukunft, um die Sicherung der Arbeit und Schaffung neuer Solidarität. Das erst schafft Zusammenhalt einer scheinbar gespaltenen Gesellschaft und schafft mehr Sicherheit im Umbruch.

Zukunft und Fortschritt

Es ist keine einfache Zeit für die Zukunfts- und Fortschrittspartei SPD: Digitalisierung, Globalisierung, Klimawandel, das alles stellt uns vor große Herausforderungen.

Ich werde nie vergessen, wie man 1989 nach der großen Wende uns sagte: „Demokratie und Kapitalismus haben gesiegt. Die Politik, die hat nichts mehr zu entscheiden." Doch heute bedroht ein grenzenloser Kapitalismus unsere Demokratie mehr denn je. Und unsere Zukunft scheint gefährdet, und die Angst in der Mitte unserer Gesellschaft wächst.

Häufig wird unsere Gesellschaft als „zukunftsvergessen" beschrieben, weil paradoxerweise Rechtsextremisten eine idealisierte, aber frei erfundene Vergangenheit anbieten, die aber grundfalscher Ausweg ist, weil dies keine Lösung ist. Es ist Ergebnis totaler Orientierungslosigkeit und einer Gesellschaft im ständigen Krisenmodus. Trump, Brexit, aber auch die AfD sind die Folgen.

Und das ist unser Problem, Genossinnen und Genossen, weil wir immer vom Hoffnungsüberschuss gelebt haben, immer vom Versprechen auf das bessere Morgen und den Glauben daran, dass wir gemeinsam eine bessere Zukunft erreichen können.

Das, Genossinnen und Genossen, leitet uns zu den zwei entscheidenden Fragen: „Wenn es uns in 25 Jahren als nennenswerte Kraft, als Sozialdemokratie, noch geben soll, was ist dann genau heute unsere Aufgabe? Was tun wir, um eine bessere, eine solidarische Gesellschaft und Zukunft zu gestalten und neue demokratische Orientierung zu geben?"

Manche von euch wissen das, aber diese Fragen bewegen mich nochmal ganz anders: In wenigen Tagen, rund um den 21. Oktober, wird meine Tochter geboren, unsere erste Tochter. In welcher Welt soll sie eigentlich mal aufwachsen und leben? Ich möchte, dass es eine gute, eine bessere Welt ist, eine gerechte Welt.

Ich bin überzeugt: Nur WIR können diese Umbrüche, die jetzt stattfinden, mit mehr Sicherheit und Zusammenhalt organisieren – erst dadurch nehmen wir Angst vor der Zukunft und die Furcht aus der Mitte der Gesellschaft.

Unsere Grundhaltung ist doch: Eine bessere Welt ist möglich. Und wir bejahen die Zukunft, weil wir den sozialen Fortschritt erstreiten wollen. Das, was ist, können wir verbessern. Dafür müssen wir aber wieder Politik machen.

Und das, Genossinnen und Genossen, ist der Unterschied zum politischen Gegner. Es ist das erste Ziel der sozialdemokratischen Politik. Lasst uns diese Aufgabe endlich neu annehmen. Das muss das Signal von Bochum sein, Genossinnen und Genossen!

Klimaschutz

Gestern demonstrierte Fridays for Future. Was ist unsere Antwort auf den Klimawandel?

Ich glaube, das passt sehr gut zum Thema unseres Parteitages. Auch das ist Solidarität. Es ist die Solidarität der jetzt lebenden Generation mit den zukünftigen Generationen auf diesem Planeten. Und ich finde, dass die Umweltbewegung eine zutiefst sozialdemokratische Bewegung ist, weil sie ein Bündnis mit der Zukunft schließt.

Es ist gut, liebe Svenja, und ich weiß, dass du dir weitergehende Beschlüsse gewünscht hättest und manches Mehr immer wieder eingebracht hast – es ist gut, dass du Verantwortung trägst und dafür Sorge trägst, dass dieses Land zusammenhält. Du hast diese nordrhein-westfälische SPD an deiner Seite. Wir werden für noch mehr Klimaschutz streiten, liebe Svenja Schulze.

Willy Brandt, Erhard Eppler, Hermann Scheer, das waren Vordenker. Wir waren es, die den Ausstieg aus der Atomenergie vorangebracht haben, die Förderung der erneuerbaren Energien formuliert haben. Wir müssen das Klima schützen. Dringend. CO_2 runter, Ressourcen schonen.

Diese Sozialdemokratie, sie bringt die Ziele aus fortschrittlicher Gesellschafts- und Sozialpolitik neu zusammen. Wir wollen das als Wirtschaftspolitik begreifen.

Und wir brauchen in diesem Land Nordrhein-Westfalen, einen Strukturwandel, der Industriearbeitsplätze ebenso wie das Klima sichert – und das können nur wir in Nordrhein-Westfalen, das kann nur die NRWSPD. Dieser Wandel, der nun kommt, er darf nicht Verzicht für viele bedeuten und Privilegien für wenige. Auch das Signal muss hier von Bochum ausgehen.

Aber es wird die Art und Weise, wie wir leben und arbeiten, verändern. Das müssen wir sagen. Und ein guter Wandel kann die Gesellschaft stark machen – und ein schlechter auseinandertreiben. Wir sehen das in Nachbarstaaten.

Arbeit und Sozialstaatlichkeit

Und damit sind wir bei dem Punkt, warum wir als Sozialdemokratie an Vertrauen eingebüßt haben. Ist euch schon mal aufgefallen, dass der schwindende Rückhalt der Sozialdemokratie einher ging mit dem Wandel in der Arbeitswelt? Genau das ist es, weil sich neue Beschäftigungsformen entwickelt haben: atypisch, solo-selbstständig, freie Berufe – ohne jede soziale Sicherheit, oft befristet mit unsicherer Perspektive.

Stetem Wirtschaftswachstum zum Trotz – und das sollten wir deutlich sagen – hat sich ein neues, digitales Proletariat entwickelt. Und es ist nicht nur der Lieferdienst, aber wir müssen uns um diese Menschen kümmern, in dem Land. Es sind Millionen, Genossinnen und Genossen.

Zeit was zu ändern. Denn gute, sichere Arbeit über ein gesamtes Berufsleben ist der Schlüssel zu einem guten und gelingenden Leben. Das war immer unser Versprechen. Erst eine gute Arbeit sichert für jeden einzelnen ein freies Leben. Frei und selbstbestimmt. Frei von Bevormundung.

Dafür muss die Sozialdemokratie ihre Rolle als Partei der Arbeit neu annehmen, Genossinnen und Genossen, und vor allen Dingen mit dem Gedanken der Solidarität neu verbinden. Es ist die Freiheit des Einzelnen, die mehr denn je auf der Solidarität mit der großen Mehrheit in diesem Land fußt. Denn Sicherheit, Sicherheit ist die Sehnsucht unserer Zeit.

Das ist nicht abstrakt. Denn dieser Umbruch findet gerade in Nordrhein-Westfalen statt, im rheinischen Revier, im Ruhrgebiet. Es sind die Konzerne Ford, RWE. Das sind keine Börsennotizen, das sind Menschen, die dort ihre Arbeit haben, die sich fragen was passiert. Und die Chemiebranche, die Energiebranche, die Fragen im Strukturwandel der Automobilzulieferer, all das bewegt gerade Nordrhein-Westfalen.

Diese Umbrüche, sie bedürfen der politischen Gestaltung. Sie müssen durch uns gestaltet werden, Genossinnen und Genossen, dürfen nicht dem freien Spiel der Kräfte überlassen werden.

Damit das aber klappt, brauchen wir einen Mentalitätswechsel. Vor allen Dingen in der Sozialstaatlichkeit: Nicht die wenigen, die den Sozialstaat missbrauchen, sind unser Maßstab, sondern die Vielen, die ehrlich sind. Das muss unser Maßstab einer neuen Sozialstaatlichkeit sein. Und die müssen auf uns vertrauen können.

Genau deswegen wollen wir Hartz IV zugunsten einer neuen Arbeitssicherung in diesem Land abschaffen, und das werden wir heute hier beschließen, Genossinnen und Genossen. Unsere Gesellschaft wird sich daran messen lassen, wie sie mit den Schwächsten umgeht. Es ist Ausdruck der Stärke unserer Gesellschaft.

Wir stärken die gesetzliche Rente und wissen, dass private oder betriebliche Altersvorsorge sie überhaupt nicht ersetzen können. Das hat nicht nur mit der Null-Zins-Politik zu tun. Wir öffnen stattdessen die gesetzlichen Sicherungssysteme auch für Selbstständige, auch für Beamte und selbst für Abgeordnete, liebe Kolleginnen und Kollegen, im Bundestag und Landtag.

Das ist etwas, wofür ich ganz besonders Kerstin Griese und Rainer Schmeltzer danken möchte, die mit der Rentenkommission ganz wesentliche Vorarbeiten geleistet haben. Und ich finde, der Antrag, der heute vorliegt, der bedarf des Beschlusses, Genossinnen und Genossen.

Dafür brauchen wir einen starken, einen solidarischen Staat, der neue Sicherheit schafft. Dieser leistungsfähige Staat wird dafür sorgen, dass es mehr Chancengleichheit und mehr Freiheit für jeden Einzelnen gibt.

Das ist Teil unseres neuen Versprechens für eine solidarische Zukunft.

Solidarität

Doch sagen wir auch zur Solidarität: Das ist schwieriger geworden. Wir müssen heute Solidarität unter Fremden organisieren, denn die Grafikdesignerin in Aachen verbindet mehr mit dem Social-Media-Manager aus Maastricht als mit der Friseurin aus Stolberg um die Ecke. Und der Assistenzarzt aus Münster ist mutmaßlich vielleicht solidarischer mit dem geflohenen Arzt aus Damaskus, der nun an einem deutschen Krankenhaus arbeitet und versucht die Misere im Gesundheitswesen aufzufangen, als mit dem Lieferboten von Amazon.

Das ist der Unterschied zwischen der „kosmopolitischen Elite" in unserem Land und den sogenannten „Globalisierungsverlierern". Ich möchte aber in einer Gesellschaft leben, in der es keine „Globalisierungsverlierer" gibt. In Zeiten, in denen eine Gesellschaft gut und gerecht ist und wir alle gewinnen können, Genossinnen und Genossen. Diese Gruppen verbindet die Erfahrung, die negative Erfahrung des Rückzugs des Staates aus allen Lebensbereichen.

Staat, das ist mehr als der Begriff. Es ist die kaputte Straße, das ist die geschlossene Schule, es ist vor allen Dingen der Stau auf der Straße, die überfüllte Bahn. Das sind die Erfahrungen, die alle Menschen in diesem Land teilen. Und deswegen müssen wir die Idee des Staates neu beleben. Aber es wird ein starker, ein solidarischer, ein sozialdemokratischer Staat sein, und er wird verbunden durch die Idee der Arbeit, Genossinnen und Genossen.

Starker Staat, Gleichheit, Freiheit, Soziale Frage

Die SPD und das Land waren immer stark, wenn wir für eine gute Infrastruktur gesorgt haben, für gleichen und gerechten Zugang zu Bildung und zu Arbeit und wenn wir Perspektiven für viele Menschen in diesem Land organisiert haben. Das schuf sozialen und solidarischen Zusammenhalt. Da müssen wir wieder hin.

Wir haben immer die Interessen der Ehrlichen und Fleißigen vertreten, der Arbeiter und der solidarischen Mitte, Genossinnen und Genossen. Für die machen wir Politik – lasst uns das neu bekräftigen.

Aber diese Solidarität, sie braucht mehr denn je einen handlungsfähigen Staat als Grundlage. Und dieser Staat, er setzt neue harte und klare Regeln. Auf dem Arbeitsmarkt in Form des Mindestlohns, durch die konsequente Verfolgung von Steuerbetrügern, bei der Sicherung der sozialen Marktwirtschaft, aber auch durch eigenes Agieren, wenn es um den Bau von Wohnungen geht, und das sind Abgrenzungen zum politischen Gegner, Genossinnen und Genossen, weil sie genau das nicht wollen.

Diese Solidarität, sie kennt auch Grenzen – wenn nämlich der Steuerbetrüger eben nicht seinen Beitrag leistet oder sich manche Leistungen erschleicht. Das muss das klare Signal von Bochum sein. Wir werden diesen Staat stark machen. Und wir sind für Regeln und Ordnung. Das ist etwas, was die Sozialdemokratie will, aber wir wollen, dass diese Regeln eben für alle gelten, Genossinnen und Genossen.

Lasst uns die Solidarität über die Staatsgrenzen stark machen – ich glaube, es ist Zeit für eine globale Umwelt und eine globale Handelspolitik, die dem Rechnung trägt.

Lasst uns die Formen des solidarischen Miteinanders stärken: Von der Wohnungsbaugenossenschaft über das geteilte Bürgerauto bis hin zur Einkaufskooperative auf dem Land. Weg von der Idee des grenzenlosen Wachstums hin zu der Idee eines sozialen Wachstums. Lasst uns diese Ideen neu und stark machen, Genossinnen und Genossen.

Denn wir waren es, die aus der liberalen Idee der Besitzenden, der Mächtigen erst durch soziale Emanzipation eine soziale Demokratie für alle gemacht haben, Genossinnen und Genossen.

Weil wir wissen, es geht nicht um den moralisch überheblichen Anspruch der wenigen, sondern es geht um handfeste materielle Grundlagen für viele, und daran mangelt es in unserem Land. Deswegen müssen wir den Kurs ändern, Genossinnen und Genossen.

Bildung und Aufstiegschancen

Materielle Grundlagen, die wir brauchen, um den Staat wieder leistungsfähig zu machen: wir werden Bildung für alle schaffen, indem wir sieben Milliarden Euro mehr investieren, und das brauchen wir.

Da sind wir in die Abseitsfalle gelaufen, aller Regierungsbeteiligung zum Trotz. Denn es mangelte an Geld, wenn wir gut bezahlte Lehrerinnen und Lehrer haben wollen. Und es mangelte an Geld, wenn wir Inklusion für alle Menschen mit und ohne Behinderung haben wollen. Und es mangelte an Geld, wenn zwischen den Regionen unterschiedliche Chancen existiert haben.

Ein Versprechen möchte ich auch in aller Deutlichkeit von Bochum abgeben: Nie wieder werden wir das Thema Bildung sieben Jahre lang dem grünen Koalitionspartner überlassen.

Wohnen

Wohnen ist eine der drängendsten Fragen unserer Zeit. Sie ist etwas, was in Münster und in Köln gleichermaßen stattfindet im ländlichen Raum.

Aber wir müssen die Grundlagen ändern. Wir müssen die Regeln ändern. Und da bedeutet es auch, dass wir erkennen, dass Wohnen kein Wirtschaftsgut ist, sondern Gemeingut. Es ist Heimat und es ist zu Hause.

Wir müssen dafür sorgen, dass Grund und Boden wieder in öffentliche Verantwortung kommen, dass Kommunen investieren können, bauen können und die Miete bezahlbar bleibt, Genossinnen und Genossen. Das ist ein Systemwechsel, den wir heute hier beschließen.

Steuern und Finanzen

Aber das braucht Geld. Und ich fürchte diese Debatte nicht. Denn wenn wir über unser Steuer- und Finanzsystem reden, dann ist es ein Schlag ins Gesicht all der Leistungsträger, wenn sie am Ende des Monats ihren Lohn mit einer Steuer belegt bekommen, aber größte Vermögen und größte Erbschaften nicht ihren Beitrag in einer so reichen Gesellschaft leisten. Wenn wir endlich an die Erbschaften herankommen, wenn wir endlich die Digitalkonzerne besteuern, wenn wir uns endlich darum kümmern, dass größte Vermögen ihren Beitrag leisten, Genossinnen und Genossen, dann können wir das auch finanzieren. Wir müssen es heute beschließen und dafür neue Mehrheiten in diesem Land erstreiten, Genossinnen und Genossen.

Wahlerfolge und Kommunalwahlen

Diese Weichen stellen wir zum richtigen Zeitpunkt. Wir sind kurz vor den Kommunalwahlen. Ein Jahr ist es noch. Aber wir merken doch, dass die CDU um ihren Sieg fürchtet. Und wir haben es bewiesen, zum Beispiel mit Ralf Bittner, aber auch mit Patrick Haas aus Stolberg. Wir können Kommunalwahlen gewinnen. Aber die CDU, sie spielt unfair. Sie hat die Regeln des Kommunalwahlrechtes verändert. Sie schneidet Wahlkreise neu. Sie schafft die Stichwahlen ab. Aber wir lassen es ihnen nicht durchgehen.

Ich bin Thomas Kutschaty und Frank Baranowski sehr dankbar, dass sie gegen diesen Angriff auf die kommunale Demokratie Klage erheben, und wir werden Laschet und Reuel da stellen, Genossinnen und Genossen. Wir sind tief verankert in den Kommunen. Wir sind Volkspartei mit 100.000 Mitgliedern, über 10.000 Mandatsträgerinnen und Mandatsträgern. Und wir werden mit der Kommunal-Kampa auch dafür sorgen, dass wir die Rathäuser gewinnen können. Wir setzen eben auf Sieg, Genossinnen und Genossen.

Investitionsstau und Stunde Null

Es ist traurig, was in Nordrhein-Westfalen mittlerweile Sache ist. Wir wollen, und auch das können wir heute beschließen, dass der kommunale Investitionsstau beseitigt wird – ich gucke dich, Frank Baranowski, an – 138 Milliarden fehlen auf der Ebene der Kommunen. Das ist nur der Investitionsstau.

Ich finde, dass wir heute in aller Klarheit beschließen sollten, die 50 Milliarden an Kassenkrediten, die die Kommunen drücken, die verhindern, dass in die Zukunft investiert werden kann, dass diese 50 Milliarden durch Länder und den Bund endlich übernommen werden. Wir wollen eine Stunde Null für die Kommunen.

Und ich sage es mal ganz augenzwinkernd, es wird kein Stärkungspakt X, sondern das müssen Bund und Länder bezahlen und auch die Sozialgesetze ändern. Sonst wird das alles nichts. Auch das ist ein Systemwechsel.

Liebe Genossinnen und Genossen, noch nie hat eine Landesregierung in so kurzer Zeit ihren politisch-moralischen Kredit verspielt.

Politisch-moralischer Bankrott der Landesregierung

Nach zweieinhalb Jahren ist sie politisch und moralisch bankrott, die Regierung Laschet. Der eine Minister weiß nicht, was der andere tut. Die Akten werden dem Landtag vorenthalten, Untersuchungsausschüsse hintergangen, die Unabhängigkeit von Gerichten infrage gestellt, Gerichtsurteile vom Verfassungsminister angezweifelt, Gespräche mit der belgischen Nachbarregierung über Atommeiler erfunden. Und das ist kein fiktiver Staat, Genossinnen und Genossen, das ist Nordrhein-Westfalen.

Ich müsste die Liste jetzt ergänzen um das, was Thomas Kutschaty in der Fraktionssitzung und auch im Landtag sagte. Ich sage nur Ruhr-Konferenz und ich sage nur Hambach.

Genossinnen und Genossen, das ist nicht irgendjemand. Es ist Armin Laschet, der für dieses Chaos verantwortlich ist. Er wird seiner Aufgabe als Ministerpräsident des Landes Nordrhein-Westfalen in keinster Weise gerecht, Genossinnen und Genossen.

Aber es ist noch viel schlimmer: Unser Land wird gespalten, Genossinnen und Genossen. Was Laschet und Reuel machen, ist eine Spaltung des Landes. Die boomenden Regionen gegen die Regionen ohne Chancen. Stadt gegen Land. Und vor allen Dingen Industrie gegen Umwelt.

Ich glaube, dass diese Landesregierung es nicht will, das Land beieinander zu halten. Denn zur Zusammenarbeit gehört auch gute Daseinsvorsorge. Es ist heute noch nicht angesprochen. Aber ich finde, dass jeder Bürger und jede Bürgerin im Land

Nordrhein-Westfalen, den Anspruch auf eine gute Krankenhausversorgung hat. Wenn man Gesundheitsminister Laumann hört, der von Spezialisierung und Wirtschaftlichkeit redet und Professionalisierung, dann merken wir doch, Genossinnen und Genossen, die wollen uns die Krankenhäuser wegsparen.

Wenn ich an den Rhein-Sieg-Kreis denke, meinen Heimatkreis, den Umkreis um Bonn, dann haben wir eine Situation, dass die private Kinderklinik in Sankt Augustin geschlossen werden soll wegen Unwirtschaftlichkeit. Wenn man aus Eitorf, im gleichen Kreis, über dreißig Minuten bis zum nächsten Krankenhaus braucht – und das ohne den Stau, den die CDU-Landesregierung verursacht hat – dann stimmt etwas nicht, Genossinnen und Genossen.

Diese Landesregierung, sie setzt die Prioritäten falsch. Sie investiert nicht in die Regionen, nicht in die Daseinsvorsorge, sondern sie investiert in 500 neue Stellen in den Ministerien für CDU- und FDP-Parteigänger. Das kann nicht sein. Es ist ein schlechtes Zeugnis der christlichen Selbstbedienung der CDU-geführten Landesregierung!

Umwelt gegen Zukunft

Aber das schlimmste Versagen, das finde ich, findet in Hambach statt. Es zeigt, dass diese Landesregierung unser Land und unsere Gesellschaft nicht verstanden hat. Es ist das Chaos, was dort existiert. Da sind Demonstranten, die friedlich dieses Waldstück verteidigen wollen. Egal wie man dazu steht, es ist friedlich demonstriert worden, in der Mehrzahl.

Und die Landesregierung, sie sendet auf Kommando eines Konzerns Polizistinnen und Polizisten in einen Konflikt, lässt die Polizeiknüppel schwingen und geht dann auf Tauchstation.

Genossinnen und Genossen, diese CDU-Landesregierung hat unser Land Nordrhein-Westfalen nicht verdient. Ministerpräsidenten eines Formats Heinz Kühn und Johannes Rau hätten diese Gesellschaft zusammengehalten, aber niemals die Polizei gegen Teile der Bevölkerung in Gang gesetzt.

Das muss ein klares Signal sein. Wir haben das Land zusammengehalten. Wir wollten es friedlich halten.

Unser Druck auf die Landesregierung wirkt. Die jetzt schon bekannten aber geschwärzten Akten zeigen eins: Nicht Bau- und Brandschutzmängel waren der Grund für die Räumung des Hambacher Forstes, sondern die Rodung des Hambacher Forstes war das Ziel. Und hierrüber sind der Landtag und die Öffentlichkeit belogen worden.

Und jetzt, Genossinnen und Genossen, reicht es! Der Märchenminister Herbert Hambach-Reul muss sich entscheiden: Er hat entweder fortwährend Erinnerungslücken und ist amtsunfähig oder aber er ist ein notorischer Lügner und auch fehl am Platze, weil man Parlament und Medien nicht belügt, Genossinnen und Genossen.

Der Hambacher Forst, Genossinnen und Genossen, er ist nicht die Abbruchkante eines Braunkohletagebaus. Er ist die Abbruchkante der Regierung Laschet, und er ist der Anfang vom Ende der Regierung Laschet, Genossinnen und Genossen!

Thomas Kutschaty und ich versprechen – wir werden diese Landesregierung stellen, wo immer es geht! Wir bringen die Wahrheit ans Licht, und das ist der Anfang vom Ende der CDU-geführten Landesregierung in Nordrhein-Westfalen.

Nordrhein-Westfalen leben und denken

Lasst uns nicht kleiner machen, als wir sind. Wir waren es, die 2014 das Ende der Braunkohle in Nordrhein-Westfalen beschlossen haben (und 2016 in der neuen Leitentscheidung). Es war eine rot-grüne Regierung.

Zur Wahrheit gehört auch in Richtung der Freunde von den Grünen: Ihr habt niemals über Hambach gesprochen. Genossinnen und Genossen, wir haben das Land zusammengehalten. Wir haben uns darum gekümmert, dass Bergleute mit Umweltschützern solidarisch bleiben können. Das war Aufgabe der Sozialdemokratie, und das werden wir auch in Zukunft tun.

Und eine gute Landesregierung, sie hat das Land zusammengehalten. Es war nicht eine Frage der Ruhr, sondern man hat sich auch in Ostwestfalen und im Rheinland Gedanken gemacht, was da los ist, wenn man dieses Land verändert. Es ist jetzt nötiger denn je, wenn der Wandel im rheinischen Revier stattfindet oder das Ruhrgebiet sich verändern wird.

Nordrhein-Westfalen ist Industriestaat

Wir brauchen ein klares Signal: Nordrhein-Westfalen ist Land der guten Arbeit und wird Industriestaat bleiben, Genossinnen und Genossen. Aber wir werden die Form massiv verändern, wie wir Energie erzeugen und zwar so, dass es CO2-neutral ist und generationengerecht.

Laschets Lavieren, das dreht doch das Land nur im Kreis, ohne überhaupt einen Effekt zu haben. Wir brauchen dringend einen neuen Plan, wie gute Arbeit im Land bleibt, Energie bezahlbar bleibt und wir sie anders erzeugen werden. Das werden die nicht können. Es wird auf uns ankommen. Deswegen werden wir heute nicht nur Anträge beschließen. Wir werden auch den Weg zeichnen, wo wir 2022 hinwollen.

Neue Idee für NRW

Wir wollen eine neue, eine sinnstiftende Idee für dieses Land Nordrhein-Westfalen schreiben. Ein Entwurf der Zukunft, wie wir auch 2022 wieder für die Wahlen antreten werden.

Es ist ein Umbruch, wenn das Zeitalter der Kohle endet. Es ist ein Umbruch, wenn sich die Branchen wandeln. Aber das war immer Rückgrat von Nordrhein-Westfalen. Denn: Wir können Arbeit, wir können Solidarität und wir können das Land durch gute Politik zusammenhalten. Wenn Nordrhein-Westfalen erfolgreich bleiben will, dann müssen wir Land der guten Arbeit bleiben und auch Land der sauberen und neuen Energien werden.

Ich weiß, das Land Nordrhein-Westfalen, von dem ich spreche, es existiert noch nicht. Wir müssen daran. Es ist Zeit für Neues. Und die Gesellschaft, von der ich gesprochen habe, die mutig und solidarisch ist, sie existiert noch nicht. Aber wir müssen sie erstreiten, Genossinnen und Genossen. Das, was wir heute geben, es ist keine Angst vor der Zukunft, sondern es ist ein hoffnungsfrohes Versprechen, dass es besser werden kann.

Wir zeichnen heute nur ein Bild am Horizont und machen so einen Vorschlag für die Zukunft. Wir beschreiben einen mutigen Weg, einen zuversichtlichen Weg der Sozialdemokratie. Es wird ein wichtiger Meilenstein sein für unsere Programmatik. Heute in Nordrhein-Westfalen und im Dezember auch auf dem Bundesparteitag.

Aber es ist mehr als Technik und Taktik. Wir rücken das Leben, die Fragen und Sorgen jedes Einzelnen und der Vielen der solidarischen Mitte in unserem Land neu ins Zentrum unserer Politik. Wir geben ihnen und auch uns neue und bessere Antworten. Wir machen das Angebot eines starken, eines solidarischen Staates.

Eines Staates, der im Auftrag der Ehrlichen und Fleißigen dafür sorgt, dass es wieder gleichen und gerechten Zugang zu Arbeit gibt, der die Infrastruktur repariert, für Aufstiegschancen für alle sorgt, Sicherheit organisiert und klare Regeln setzt. Wir investieren in die Zukunft, Genossinnen und Genossen – und schaffen neuen Zusammenhalt.

Die Gesellschaft, die wir wollen, die wir erstreiten können, sie ist nicht kalt, sie ist nicht herzlos. Sondern sie fußt auf neuer Solidarität und Sicherheit für jeden Einzelnen.

Wir wissen es doch: Freiheit gelingt vor allen Dingen durch Solidarität, Genossinnen und Genossen. Zukunft, Arbeit und Solidarität das bringen nur wir Sozialdemokratinnen und Sozialdemokraten zusammen – und wir, liebe Genossinnen und Genossen, wir sind entschlossen für eine solidarische Zukunft.

Versprochen! Glück auf!

„Die Idee der Solidarität trennt die Linke grundlegend von der Rechten und ist ein tragfähiges Angebot an eine fragmentierte Gesellschaft. Sie ist neu zu beleben. Denken wir an den Busfahrer, der die Miete in der Stadt nicht mehr bezahlen kann, weil Wohnraum zur Mangelware wurde. An die Software-Designerin, deren Bahn ausfällt, oder die Polizistin im morgendlichen Stau. Sie alle verbindet die Erfahrung des Rückzugs des Staates, der einen Verlust von individuellen Chancen auf Selbstverwirklichung bedeutet. Dieser Verlust von Freiheit und Teilhabe erschüttert unsere Demokratie."

Wenige Tage nach dem Landesparteitag der NRWSPD in Bochum ordnete ich die inhaltliche Neuaufstellung in einem Gastbeitrag für die Rheinische Post ein. Ich machte deutlich: Die nordrhein-westfälische SPD steht für einen starken und handlungsfähigen oder anders gesagt: für einen solidarischen Staat. Nach Jahrzehnten der Marktgläubigkeit und des Rückzugs des Staates ist die Zeit wieder reif für eine Politik, die die solidarische Mitte der Gesellschaft in den Blick nimmt und die wieder in Bildung, Mobilität, Wohnungsbau und öffentliche Sicherheit investiert.

Den solidarischen Staat neu beleben

Für einen „neuen linken Pragmatismus"

Gastbeitrag für die Rheinische Post, veröffentlicht am 27. September 2019

Die Erwerbsarbeit als Schlüssel zu einem guten, gelingenden und selbstbestimmten Leben ist im Wandel. Globalisierung, Digitalisierung und der Klimawandel verändern unsere Art zu leben und zu arbeiten. Parallel zu diesen Umbrüchen büßte die SPD massiv an Zustimmung ein. Sie hat als Partei der Arbeit den Kampf um die solidarische Mitte im Land neu aufzunehmen.

Die NRWSPD bestimmte auf zentralen Feldern ihre Position neu. Ausgehend von einem Bruch mit naiver Marktgläubigkeit steht ein Wandel im Wirtschaftssystem an. Soziale Marktwirtschaft muss eine Idee des sozialen Wachstums, das Nachhaltigkeit und soziale Gerechtigkeit umfasst, bedeuten. Weltweite Transformationsprozesse setzten bereits vor Jahrzehnten ein, denen durch tiefgreifendes staatlich-politisches Handeln hätte begegnet werden können. Stattdessen wurden Demokratie und Kapitalismus als scheinbare Sieger der Geschichte ausgerufen.

Wir sehen die Folgen des globalen, aggressiven Kapitalismus. Krasse Ungleichheit als Sprengstoff unserer Zeit und hohe Vermögens- und Machtkonzentration in den Händen weniger. Dieser demokratiegefährdende Trend hält an: Dazu gehören die Zerschlagung traditioneller Unternehmen, der soziale Rückschritt und Umweltzerstörung. Die Spekulation mit Gütern der Daseinsvorsorge macht nicht nur das Wohnen teuer. Der zeitgleiche Rückzug kollektiver, häufig staatlicher Sicherungssysteme führt nicht zu mehr Freiheit des Einzelnen. Statt ihn zu schützen oder ihm Chancen auf gute Arbeit durch neue Qualifizierung zu gewähren, wurden Umbrüche häufig zum individuellen Lebensrisiko erklärt. Dies erzeugte Unsicherheit, Vertrauensverlust und Orientierungslosigkeit.

Die Rechte erlebt auch deswegen Zulauf, weil sie einen „hart durchgreifenden, starken Staat" propagiert, der in Wahrheit aber nur die Schwächsten trifft. Eine verklärte Vergangenheit wird vorgegaukelt, doch das simple „früher war alles besser" traf nie wirklich zu.

Die NRWSPD macht mit dem Angebot eines starken, solidarischen Staates als fairer Chancengeber eine Kampfansage an die Staatsmodelle der konservativ-liberalen Kräfte und der extremen Rechten. Dieser solidarische Staat setzt Regeln, schafft Ordnung und gibt Sicherheit. Verabredete Grundlage ist, dass Solidarität Rechte und Pflichten kennt. Leistungsmissbrauch ist auch im Sozialstaat zu ahnden. Unser Maßstab sind jedoch nicht die wenigen Betrüger, sondern das Vertrauen in die Vielen und Ehrlichen der solidarischen Mitte. Diese umfasst alle, die unabhängig von ihrer persönlichen oder ökonomischen Lage fähig und bereit sind, solidarisch zu handeln: Angestellte im öffentliche Dienst, Facharbeiter, Beamte und auch Solo-Selbstständige, Paketboten ebenso wie Arbeitssuchende.

Die erhebliche Sehnsucht der Mehrheit nach Sicherheit muss die Fortschrittspartei SPD leiten. Sie ist als Bedürfnis anders zu befriedigen als durch die rechts-nationalistische Kampfansage „die eigene Nation first“. Die Idee der Solidarität trennt die Linke grundlegend von der Rechten und ist ein tragfähiges Angebot an eine fragmentierte Gesellschaft. Sie ist neu zu beleben. Denken wir an den Busfahrer, der die Miete in der Stadt nicht mehr bezahlen kann, weil Wohnraum zur Mangelware wurde. An die Software-Designerin, deren Bahn ausfällt, oder die Polizistin im morgendlichen Stau. Sie alle verbindet die Erfahrung des Rückzugs des Staates, der einen Verlust von individuellen Chancen auf Selbstverwirklichung bedeutet. Dieser Verlust von Freiheit und Teilhabe erschüttert unsere Demokratie.

Ein solidarischer Staat erkennt dies und sorgt für freie Entfaltung jedes Einzelnen. Die Vorschläge der NRWSPD zeigen einen Weg. Wir wollen gleichen und gerechten Zugang zu öffentlichen Gütern wie Bildung, Mobilität, aber auch Sicherheit für alle bieten. Wohnen wird bezahlbar, wenn Staat und Kommunen wieder handlungsfähige Akteure werden und die Spekulation mit Grund und Boden beendet wird.

Eine „Stunde Null“ muss alle Kommunen von ihren Altschulden befreien. Um Spitzenreiter im Bildungsbereich zu werden und landesweit gleiche Chancen für alle zu ermöglichen, erhöhen wir die Bildungsausgaben um sieben Milliarden Euro. Wir setzen auf kollektive Schutzschirme, in die alle eingebunden werden, um neue Sicherheit zu schaffen und Selbstverwirklichung nicht nur für wenige Reiche zu ermöglichen. Das umfasst unter anderem eine gestärkte gesetzliche Rente, höhere Mindestlöhne und einen lebenslangen Anspruch auf Weiterqualifizierung.

Wir erneuern die Kernversprechen der Sozialdemokratie, vom

Zugang zu Arbeit, faire Chancen auf sozialen Aufstieg und soziale Sicherheit. Die NRWSPD will dafür öffentliche Investitionen massiv ausweiten, um der solidarischen Mitte einen attraktiven „New Deal" anzubieten. Wenn wir Wohnungen bauen, in Klimaschutz und in attraktiven Nahverkehr investieren, digitale Infrastruktur ausbauen und Schulen sanieren wollen, kostet das Geld. Ein gerechter Umbau des Steuersystems hat die solidarische Mitte zu entlasten und staatliche Leistungsfähigkeit zu stärken. Wir wertschätzen damit die Erwerbsarbeit als die wahre Leistung der Vielen. Die persönliche Arbeitsleistung muss steuerlich entlastet werden, größte Vermögen, hohe Erbschaften sowie internationale Digitalkonzerne müssen sich stärker beteiligen. Steuerbetrug als Betrug an der solidarischen Gemeinschaft wollen wir wirksam bekämpfen.

Diese Neuaufstellung entspricht im Kern einer progressiven Sozialdemokratie und ist pragmatisch im Sinne einer Lösung der realen Probleme der Menschen. Der SPD als Fortschrittspartei stünde ein neuer linker Pragmatismus gut zu Gesicht – in Verbindung mit der zuversichtlichen Idee einer besseren und solidarischen Zukunft.

Nachwort

Als Vorsitzender der NRWSPD sind mir zwei Aspekte wichtig, damit die SPD wieder zu neuer Stärke zurückfindet: Wir müssen uns als SPD mehr als zuvor mit der realen Lage im Land auseinandersetzen. Und dann müssen wir die wirklich zentralen gesellschaftspolitischen Debatten führen – aus dem Blickwinkel derjenigen, die wir – wieder – vertreten wollen. Dabei geht es um für die Menschen existenzielle Fragen wie bezahlbaren Wohnraum, gute Arbeit und soziale Sicherung, aber auch um innere Sicherheit. Nicht zuletzt die Reihe von Wahlniederlagen in den vergangenen Jahren zeigt uns: Diesen Vertretungsanspruch müssen wir neu begründen. Wo eine gewisse Ermattung der Positionen und inhaltlichen Diskussionen festzustellen war, gilt es, sich wieder in die Diskussion zu begeben. Das Buch soll zu diesen Debatten anstoßen. Manches wurde eingeholt, anderes deutlich bestätigt, wenn ich zum Beispiel an die Debatte rund um den Hambacher Forst denke oder die Idee der Solidarität und des starken, handlungsfähigen Staates. Es sind Beschlusslagen, die zugespitzt werden müssen, die Gegenstand von Wahlkontroversen werden müssen, die „unters Volk" gebracht werden müssen.

Für mich ist der handlungsfähige Staat ein Kerngedanke der deutschen Sozialdemokratie. Er garantiert Rechte, setzt Regeln und bietet Ordnung. Im Mittelpunkt unserer Politik müssen die stehen, die den Kern unserer Bevölkerung bilden: die Ehrlichen und Fleißigen, die weit über 90 Prozent unserer Gesellschaft ausmachen. Für sie machen wir Politik. Sie müssen sich auf ein funktionierendes staatliches Gefüge verlassen können. Gleichzeitig müssen wir uns als Gesellschaft darauf verlassen können, dass Regeln von allen beachtet werden und im Falle von Zuwiderhandlungen Sanktionen drohen. Das ist Ausdruck eines handlungsfähigen Sozialstaates. Die Maßgabe muss sein: „Ich halte mich an Regeln und Gesetze und bemühe mich nach besten Kräften. Aber wenn ich mal strauchle, dann weiß ich auch, dass ich aufgefangen werde und eine neue Chance erhalte."

Dies ist auch die Zusammenfassung eines neuen Sicherheitsversprechens. Der sozialdemokratische Sicherheitsgedanke muss weitgehend sein. Er umfasst die Konzepte der sozialen Sicherheit, geleitet von einem respektvollen Menschenbild und einer menschlichen Gesellschaft, der inneren Sicherheit, die überall und für alle Menschen staatlich garantiert wird, und ist doch noch mehr. Es ist das Versprechen der „Sicherheit im Wandel". Denn der Wandel gesellschaftlicher Strukturen, der Technik und des Fortschritts war immer. Er bedarf der politischen Gestaltung und ist aus Sicht der Sozialdemokratie nicht nur Veränderung, sondern Verbesserung dessen, was wirklich ist.

Nun ist die SPD nicht die einzige Partei, die den Anspruch einer besseren Zukunft und einer lebenswerten, gerechteren Gesellschaft formuliert. Aber während sich andere, vermeintlich linke, progressive Parteien im Anschluss zu Theoriedebatten versteigen und der – vorgeblich – „reinen Lehre" anhängen und doch nicht den Wunsch der konkreten Umsetzung und des Realitätschecks hegen, hat die SPD den Auftrag, diesen Anspruch auch konkret und nachvollziehbar Tag für Tag in konkrete Politik umzusetzen. Das bedeutet sehr häufig auch den Mut zum Kompromiss, wenn dieser uns unserem Ziel näher bringt. Dieser linke Pragmatismus ist Teil der DNA und eine der Stärken der Sozialdemokratie! Hier sehe ich auch den Hauptunterschied zu etwa den Grünen, deren Kompromisslosigkeit gesellschaftlicher Sprengstoff ist. Dazu kommt, dass wir Phasen des Umbruchs und Wandels besser als alle anderen politischen Kräfte gestalten können, immer mit Blick auf den gesellschaftlichen Zusammenhalt. Die gerechte Gestaltung von Transformationsphasen ist die Kunst der Sozialdemokratie. Es wurde in der Vergangenheit bewiesen, dass die Sozialdemokratie die Gesellschaft trotz technologischer Umbrüche zusammenhalten und daraus sogar sozialen wie gesellschaftlichen Fortschritt generieren konnte.

Das leitende Konzept der Solidarität unterliegt aber einem weiteren Wandel. Während zu Beginn der Industrialisierung der Gedanke der Solidarität klassenbezogen war (Arbeiter vs. Kapital, Solidarität der Gleichen), fällt dies in einer globalisierten und zunehmend in Milieus fragmentierten Gesellschaft anscheinend schwerer. Es ist also Solidarität zwischen Fremden zu organisieren. Doch dies ist nur scheinbar kompliziert – wenn wir uns auf die reale Lage und die realen Bedürfnisse der Vielen orientieren. Diese Lage verbindet milieu-übergreifend und ist der Schlüssel zum Zugang zu diesen Wählern und Wählerinnen einer Volkspartei SPD.

Es ist ein hoher Anspruch, der von außen und von innen an die SPD gestellt wird: Wir müssen konkrete sozialdemokratische Politik im täglichen Handeln umsetzen, aber wir müssen gleichzeitig mutige Visionen und Ideen für eine gerechte Zukunft entwerfen. Zu lange wurde uns von Liberalen und Konservativen (aber auch uns selbst) eingeredet, dass staatliches Handeln in einer globalisierten Welt eng begrenzt ist. Das Gegenteil ist richtig!

Gerade eine globalisierte Welt erfordert staatliches Engagement – um allgemeingültige Regeln zu schaffen und Märkte zu regulieren, aber auch um die Globalisierung zu steuern und gesellschaftlich gewünschte Entwicklungen auch international voranzutreiben. Nichts ist unveränderlich! Seien es Globalisierung oder Digitalisierung – auch die Rahmen dieser gesellschaftlichen Megatrends werden durch die Politik definiert und können dementsprechend gestaltet werden. Diese Erkenntnis ist für mein Politikverständnis zentral. Ich bin mir sicher: Wenn die deutsche Sozialdemokratie selbstbewusst ihre Ziele formuliert und konsequent an der Umsetzung arbeitet, können wir diesen menschengemachten Wandel zum Wandel für die Menschen machen.

Die SPD kann als Partei der Arbeit hier genauso Position ergreifen wie die SPD als Partei der Freiheit. Es war die Sozialdemokratie, die die liberale Idee der Freiheit mit den Ideen der gesellschaftlichen, sozialen Emanzipation verbunden hat. Wann, wenn nicht heute, stehen diese Konzepte von Arbeit über Zukunft bis Freiheit im Sinne des selbstbestimmten, guten und gelingenden Lebens wieder im Mittelpunkt der Kontroverse.

Also packen wir es an!

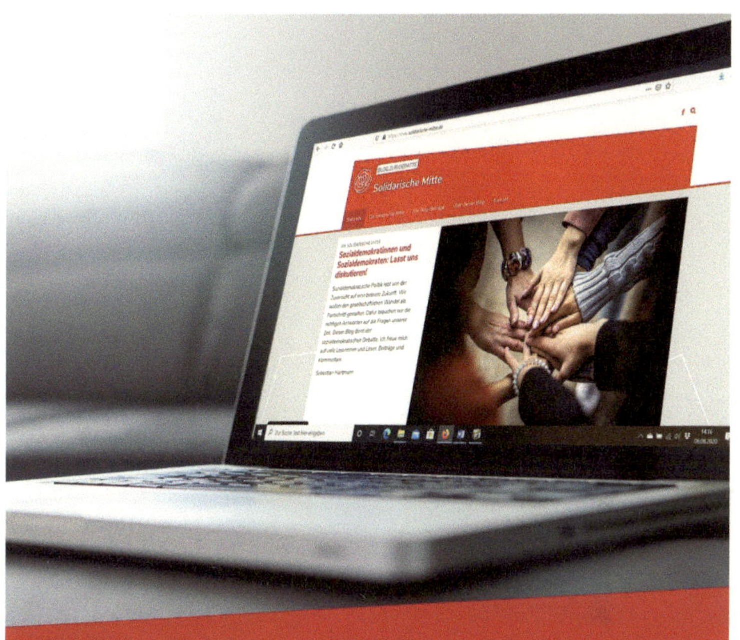

DER BLOG
ZUR SOLIDARISCHEN MITTE.
Lesen. Diskutieren. Beitragen.

www.solidarische-mitte.de